ごあいさつ

滋賀県には、一三〇〇個所を越える城跡が残されています。その中には彦根城や安土城のような巨大な城郭から、名もない在地領主の小規模な城館まで、様々なものがありますが、これらは皆滋賀県の歴史や文化にとって等しく重要な意義を持つものです。この一三〇〇という数字は全国でも屈指の多さであり、琵琶湖と共に県民生活の中にしっかりと根をおろしています。まさに滋賀県は「城と湖の県」なのです。

中でも安土城は、織田信長が天下統一の拠点として築いた名城として、その豪壮華麗な姿は宣教師を通して遠くヨーロッパにまで伝えられていました。しかし安土城が歴史上存在したのはわずか一〇年ほどであったため、安土城に関する記録はほとんどなく、多くの人が幻となったその姿を追い求めてきました。こうしたことから現在、安土城は特別史跡安土城跡として厚く保護され、今でも多くの人々が城跡を訪れています。

滋賀県ではこの全国民の宝ともいうべき安土城跡を、文化遺産として後世に永く伝えていくため、平成元年度より二〇年計画で特別史跡安土城跡調査整備事業を進めてきました。この事業は発掘調査や古文書調査を通して安土城の歴史や構造を解明し、その成果にもとづいて城跡の環境整備を行おうというものです。二〇年間にわたる調査整備事業で、城の内外を結ぶ道である大手道、百々橋口道、搦手道とその道沿いの郭、城の中心部分である主郭部、城の正面玄関である大手門周辺および城の内外を画する安土山南面地区の発掘調査を行いました。また、大手門周辺をはじめ、伝黒金門にいたる大手道と、道沿いに位置する伝羽柴秀吉邸跡・伝前田利家邸跡・伝武井夕庵邸跡・伝織田信忠邸跡の環境整備を行い、豪壮華麗な安土城の姿の一端をよみがえらせることができました。

このたび、二〇年間にわたる調査整備事業が終了し、調査成果をまとめた報告書を刊行いたしましたが、それに伴い、報告書の内容を分かりやすくまとめ直した図録を発行しました。この一冊で、二〇年間にわたって滋賀県が実施した安土城に関する調査研究の主な成果については全て知ることができるよう、編集したと自負しています。是非ともご覧いただき、ご活用いただければ幸いです。

最後に、調査整備事業をご指導いただいた特別史跡安土城跡調査整備委員会・環境整備専門部会の先生方をはじめ、ご参加いただいた作業員・調査補助員の皆様、文献資料調査でお世話になった所蔵者・保管者の方々など多くの方々のご協力があって事業を無事完了することができました。特に、特別史跡安土城跡の土地所有者である摠見寺様には、寺有地内での事業実施をご快諾いただくなど、事業開始当初から多大なご協力を賜りました。この場をお借りして関係者の皆様に厚くお礼申し上げます。

二〇〇九年一〇月

滋賀県教育委員会

目　次

ごあいさつ
目次・凡例
プロローグ…… 4
大手道…… 8
大手道周辺の郭群…… 12
百々橋口道…… 22
百々橋口道周辺の郭群…… 23
尾根道…… 27
大手門周辺・南面山裾部…… 28
主郭部…… 38
搦手道…… 50
安土城に関する文献資料と絵図…… 54
調査成果の研究…… 60
安土城下町…… 88
安土城の構造…… 94
特別史跡　安土城跡の保存・整備…… 98
安土城・城下町関連文献目録…… 100

凡　例

一　この図録は、特別史跡安土城跡調査整備事業の二〇年間の成果をまとめたものである。

一　発掘調査の遺構写真、環境整備の竣工写真・工程写真は、滋賀県教育委員会が撮影したものである。遺物写真および古文書写真は、一部を除いて寿福写房寿福滋氏に委託して撮影したものである。

一　この図録で用いている郭名称については、原則として「近江国蒲生郡安土古城図」（摠見寺蔵　以下本文中では『安土古城図』と略称）に依った。現在使用されている通称・俗称を並記する場合は、後ろに（　）を付した。

一　この図録の編集・執筆は滋賀県教育委員会事務局文化財保護課城郭調査担当職員が分担して行った。

　執筆分担は次のとおりである。

プロローグ	松下　浩
大手道	仲川　靖
大手道周辺の郭群	仲川
百々橋口道	伊庭　功
百々橋口道周辺の郭群	伊庭
尾根道	伊庭
大手門周辺・南面山裾部	伊庭
主郭部	上垣幸徳
搦手道	仲川
安土城に関する文献資料と絵図	松下
調査成果の研究	上垣・伊庭・仲川
安土城下町	松下
安土城の構造	松下
安土城跡の環境整備	上垣
安土城関連文献目録	松下

プロローグ

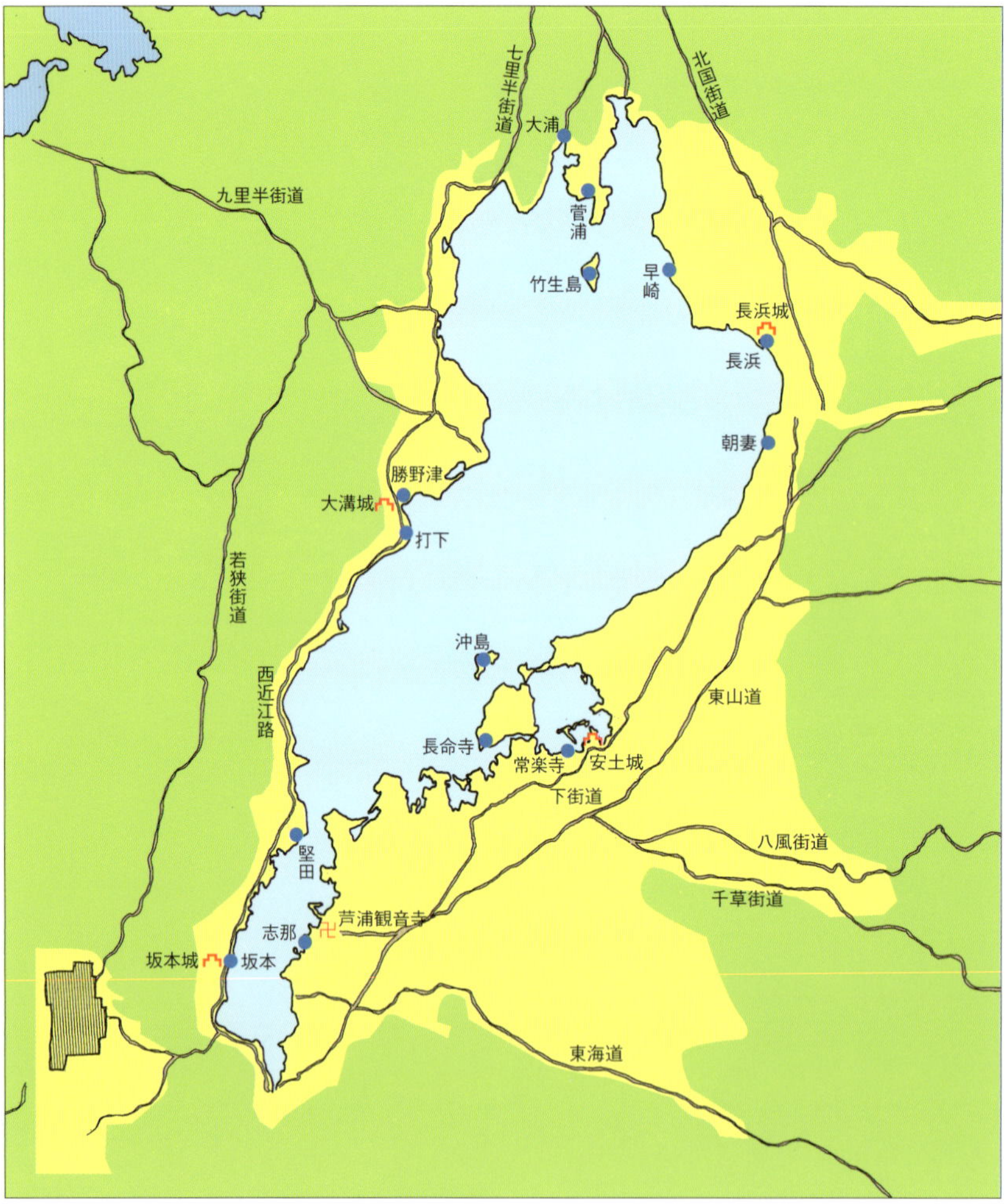

中世近江の街道と港・湖上勢力・湖岸の城郭

安土城の歴史

天正《てんしょう》四年（一五七六）、織田信長は天下統一の拠点として琵琶湖の東岸、標高一九八メートルの安土山に大城郭を築き始めます。しかしそのわずか六年後、天正一〇年六月二日、本能寺《ほんのうじ》の変で信長が自刃《じじん》し、明智光秀《あけちみつひで》が山崎の合戦で敗れた後、六月一四日から一五日にかけて安土城は炎上します。炎上の原因については留守居《るすい》の明智秀満《あけちひでみつ》が焼いたというもの、織田信雄《おだのぶかつ》が火を付けたというもの、安土城下からの類焼など諸説があり、定かではありません。

　安土城が炎上した後も織田信雄や三法《さんぼう》師《し》、羽柴秀吉《はしばひでよし》などが安土城へ入城しており、安土城はまだ廃城していません。しかし天正一三年、秀吉の甥秀次《ひでつぐ》が近江八《おうみはち》幡《まん》に城を築いた時、安土城下町は八幡城下町へ移転され、ここに安土城は最終的に城としての機能を失いました。

　廃城後の安土山は山内に信長が建立した摠見寺《そうけんじ》が支配することになります。天正二〇年、豊臣秀吉は摠見寺に対し、山

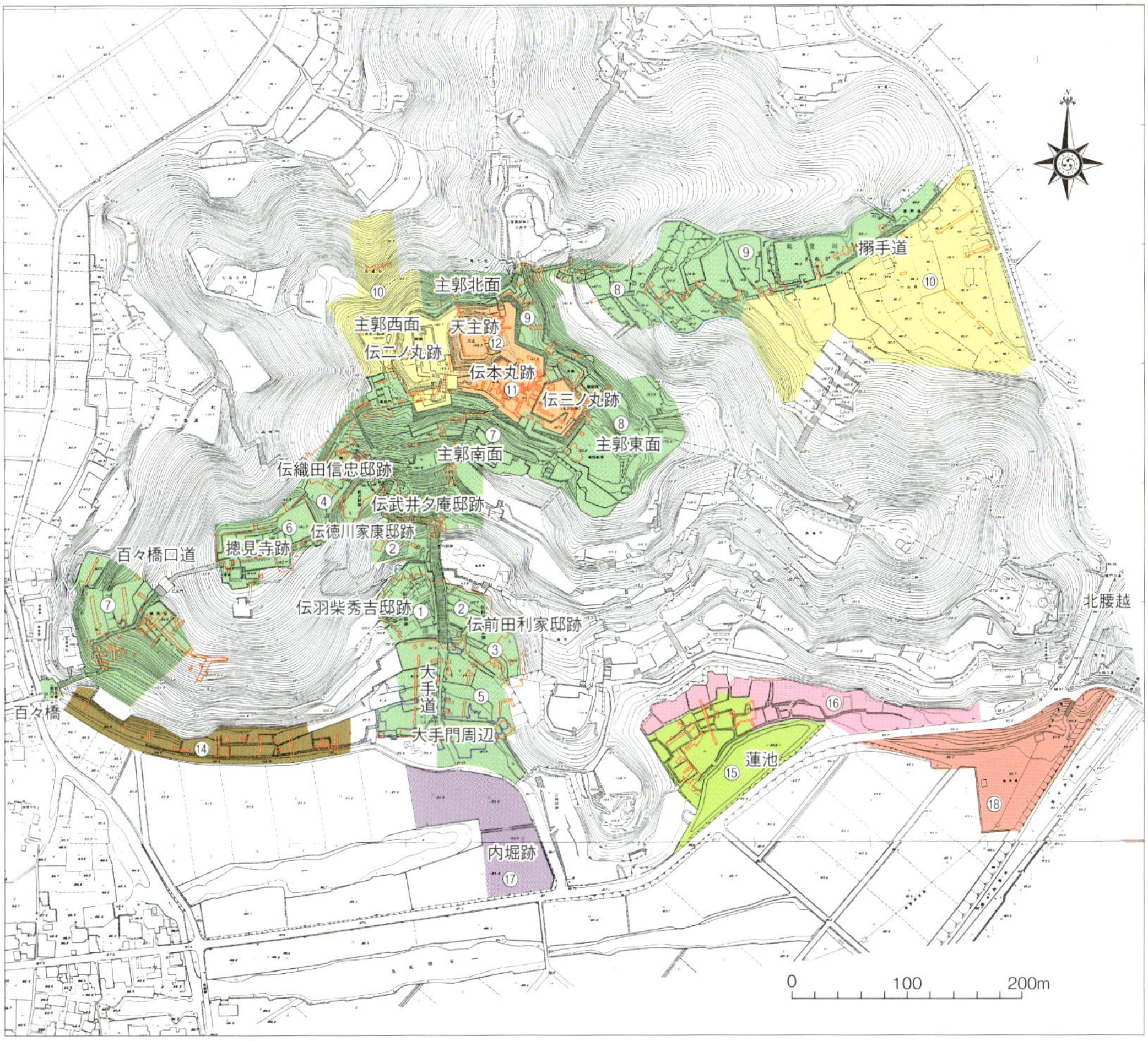

年次別発掘調査位置図（丸数字は調査年度）

麓の蒲生郡《がもうぐん》須田村《すだむら》（現滋賀県東近江市南須田町）に一〇〇石の領地を与えます。徳川時代には蒲生郡下豊浦村（現滋賀県蒲生郡安土町）に一二〇石余の領地と安土山の支配権を追加され、これが江戸時代を通じて摠見寺領として存続していきます。

明治維新後は摠見寺領は上知《あげち》により消滅し、安土山は国有地となります。そして戦後安土山全体が摠見寺に払い下げられ、現在にいたります。

特別史跡安土城跡の調査と整備

廃城から四〇〇年あまり。わずかにかいま見える石垣の姿だけに往時の面影を残していた安土城跡に対し、滋賀県ではこれを文化資産として将来に向けて保存・活用することを目的として、平成元年度から平成二〇年度まで特別史跡安土城跡調査整備事業を実施しました。これは発掘調査や古文書《こもんじょ》調査を通して安土城の構造や歴史を解明し、その成果にもとづいて城跡の整備を行うものです。

安土城跡はどのように守られてきたか

築城から廃城へ

- 1576　正月中旬、安土城の築城を開始する
- 1577　安土山下町中に**楽市楽座の掟書**を発布する
- 1579　完成した天主に信長が移り住む
- 1582　摠見寺に徳川家康を迎え、能が行われる
　本能寺の変で信長死去、安土城の天主・本丸等が焼失する
- 1585　豊臣秀次の八幡城築城に伴い安土城は廃城となる

摠見寺領の時代

- 1592　秀吉が摠見寺に**寺領百石寄付の朱印状**を与える
- 1604　豊臣秀頼、摠見寺三重塔を修理　書院・庫裏を寄進する
- 1617　徳川秀忠、寺領を二百二十七石に加増、摠見寺に安土山の支配権を認める
- 1682　信長百回忌が行われる
- 1687　**「近江国蒲生郡安土古城図」**が作成される
- 1731　信長百五十回忌が行われる
- 1781　信長二百回忌が行われる
- 1791　**「摠見寺境内絵図」**が作成される
- 1832　信長二百五十回忌が行われる
- 1854　摠見寺が焼失し、伝徳川邸跡に再建される

国家による保存へ

- 1871　上知により安土山の大半が国有地となる
- 1879　摠見寺裏門を**超光寺表門**として移築する
- 1901　摠見寺三重塔が特別保護建造物に指定される
- 1903　摠見寺二王門が特別保護建造物に指定される
- 1915　滋賀県により初めて安土山の実測調査が行われる
- 1918　安土城保存を目指して安土保勝会が設立される
- 1919　史蹟名勝天然記念物保存法が施行される

史蹟安土城趾の時代

- 1924　安土城趾の史蹟仮指定が行われる
- 1926　安土城趾が史蹟に指定される
- 1927　内務省が城跡に「安土城址」の石碑を建てる
- 1928　滋賀県が史蹟安土城址の管理団体に指定される
- 1929　大手門跡等に標石を建て、史蹟境界柱を設置する
- 1931　二の丸跡の復旧、城内石段の改修が行われる
- 1940　天主・本丸の発掘調査が行われる（〜1941）

城跡の時代

- 1950　文化財保護法施行に伴い、史跡安土城跡となる
- 1952　文化財保護法により特別史跡に指定される
- 1960　城跡修理に着手、1975年まで継続する
- 1969　安土山南麓二万㎡の史跡地を公有化する

明治26年の地形図

特別史跡安土

1970	安土城跡を含む「近江風土記の丘」が開館する
1978	安土城跡実測図（縮尺千分の一）を作成する
1979	安土山南麓の県有地を仮整備する（～1983）
1988	第1回特別史跡安土城跡調査整備委員会を開催する 史跡指定範囲見直しのため地籍調査を実施する

調査整備20年計画

1989	発掘調査を開始する 伝羽柴邸跡で**五棟の建物跡**を検出する 環境整備の基本構想を策定する
1990	伝羽柴邸跡で**櫓門跡**を検出する 百三十六mにわたり大手道の当初ルートを確認する
1991	伝前田邸跡で建物四棟と**木樋暗渠**を検出する 黒金門に至る**大手道の全ルート**を解明する
1992	環境整備工事に着手する 大手門とその東西に続く石塁跡を発見する
1993	東家文書を調査し**旧安土城下の絵図**を多数発見する
1994	旧摠見寺境内地を調査し当初の伽藍配置を明らかにする 現摠見寺の高石垣を解体し当初の大手道を検出する
1995	百々橋口道及び主郭部周辺をめぐる周回路を調査する
1996	搦手道の調査に着手する 米蔵付近より**金箔貼りの鯱瓦**を発見する
1997	搦手道の全ルートを解明する 台所跡から流し・カマドとともに**飾り金具**を発見する
1998	天主台下から焼失建物とともに多数の遺物を発見する ―**建築金物**、**十能・鋤**、**花器**、**金箔瓦**、**壁土**等 搦手口の湖辺で**木簡**、**完形に近い金箔瓦**等を発見する
1999	大手道の整備工事が完成する 本丸跡より**御殿の礎石**を検出する 本丸跡西隅、伝三の丸石垣裾より**笏谷石製容器**を発見する
2000	天主跡の調査を実施する 伝前田利家邸跡の整備工事が完成する
2001	**湖西より安土への移送についての古文書**を発見する 大手門周辺西側より**新たな虎口２ヶ所**を発見する
2002	大手から百々橋口の山裾から石敷通路を発見する 大手門周辺東側より**新たな虎口１ヶ所**を発見する
2003	蓮池周辺から伝江藤邸跡の出郭を確認する 大手門西虎口から大手道へのルートを確定する
2004	西虎口北の郭から**カマド跡・井戸跡**を発見する 大手門周辺東側の整備工事を実施し、石塁・虎口を復元する
2005	大手前駐車場から**内堀の石垣・胴木**を発見する
2007	大手口・百々橋口間で**新たな虎口２ヶ所**を発見する

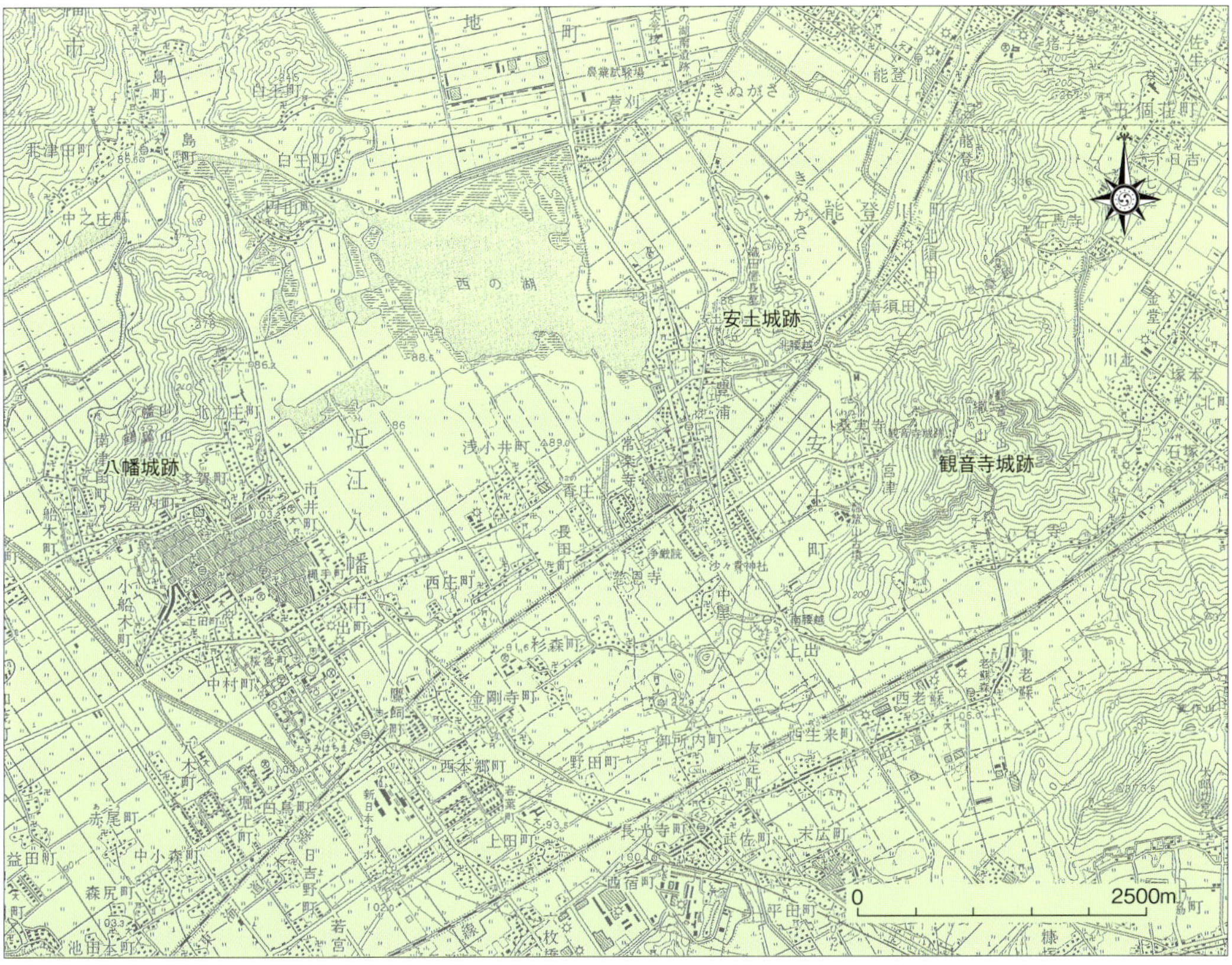

現在の地形図

大手道

発掘調査前の大手道

発掘調査後の大手道

発掘調査前、この道は幅三メートルの石段で現摠見寺へ通じる参道でした。参道は摠見寺の所で高石垣《たかいしがき》が立ちはだかり遮断され、伝羽柴秀吉《はしばひでよし》邸上段郭から山道を登って伝武井夕庵《たけいせきあん》邸まで迂回し伝黒金門《くろがねもん》に至るルートでした。

参道の石段をはずし、仮本堂建築のために安政時代に拡張し積み足された石垣を解体して築城時の道を検出しました。

参道の下からは、城内にあるどの道よりも広く、幅六～七メートルで両側に幅一メートルの溝が付き、石塁が立ちあがり、伝徳川邸までの一八〇メートルの間がほぼ直線で登っていく登城路《とじょうみち》が現れました。

しかし、この道は伝徳川邸で西へ九〇度曲がった後、ジグザグに急傾斜を登り、伝武井夕庵邸の前で終わっています。伝黒金門には伝織田信忠《のぶただ》邸の中を通らないと行けないことが分かりました。

この道を大手道《おおてみち》と呼んでいますが、太田牛一《おおたぎゅういち》が記した『信長公記《しんちょうこうき》』にもフロイスが記した『日本史』にも一切記述がありません。そもそも大手とは追手《おって》とも言い城の正面・表

横道部分

「安政石垣」解体後大手道

主郭南面大手道接続部分

七曲り部分

門を一般的に表しますが、本来は搦手《からめて》から城兵《じょうへい》が出て城の正面に敵を追い詰めて戦闘を集中させる目的の場所のことを指します。昭和一六年に柴田実氏と日名子元雄氏が本丸と天主の発掘調査を行っていますが、その報告者の中で「大手口道」と記述しています。大手道の名称はこの後に出来たようです。

大手道は、微妙ですが、S字状に曲がっています。各郭の虎口《こぐち》の所で屈曲していることが分かります。また、伝前田邸側の石塁《せきるい》には継ぎ目が見られますが、伝羽柴邸側の石塁は大手道に合わせて上段部・下段部が一気に築かれています。

石塁の復元工事では、当初、伝羽柴邸側は石を補わず植生土嚢《しょくせいどのう》を積んで整備しました。従って伝羽柴邸側の石塁はすべて築城時のものです。伝前田邸側は雛壇《ひなだん》状の郭の高さに合わせて石垣を新たに積み足しています。

大手道の直線部分は発掘調査した結果ほとんど石段の石が残っていませんでしたが、両側の側溝《そっこう》が良好に残っていたため側溝の縁石《えんせき》を兼ねた石段踏み石の残存

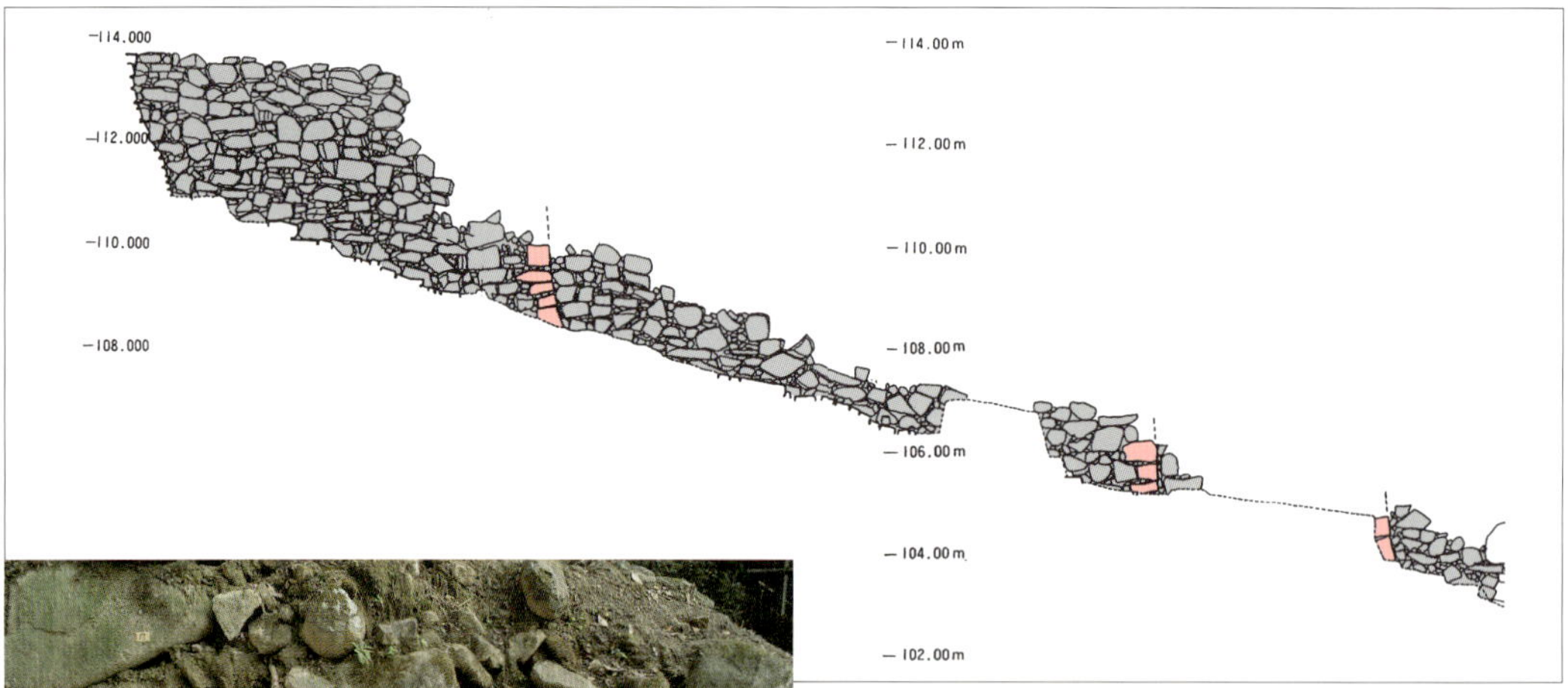

大手道東石塁伝前田邸付近石塁立面図

大手道石塁のつぎ目

している所から復元しています。
　西へ九〇度曲がる箇所は「横道《よこみち》」と仮称しましたが、この部分は比較的よく残っていました。
　ジグザグに登る部分は「七曲《ななまが》り」と仮称しましたが、全体的に坂道の様相で、石段というより土留めを兼ねた石列という感じです。また、石仏が最も多く転用されている部分です。現在復元工事をして石段の数を増やした七曲り部分が一番の難所ですが、当時はかなり間があいた石段で馬に騎乗したまま十分登れた道であったと思われます。
　伝本丸跡《ほんまるあと》や天主《てんしゅ》へ至るルートは、伝織田信忠邸の郭《くるわ》の中を通って伝黒金門跡へ至る石段へ続くルートと、主郭部《しゅかくぶ》の南面裾にある道が伝武井夕庵邸の前で大手道に連絡していることから、この主郭部南面下を通って本丸と伝三ノ丸跡（伝東ノ丸・伝名坂《なさか》邸跡）の間にある虎口へ至るルートの二つが考えられます。主郭部南面下を通る道は本丸下でスイッチバックの坂道を成していることから馬に騎乗したまま登れる道であったようです。

大手道整備後（北から）

大手道ルート図

大手道周辺の郭群

伝羽柴秀吉邸跡

羽柴秀吉は、信長の草履《ぞうり》取《と》りから姉川合戦・小谷城《おだにじょう》攻めの後、長浜城主となり、信長亡き後は、天下統一を果たし関白となり豊臣秀吉を名乗ってとんとん拍子に出世した人物といえばお分かりでしょう。安土城築城の時も工事責任者であったとみられ、「大軸の絵」を褒美としてもらっています。このような訳で大手の玄関口には、信長の信頼厚き秀吉の屋敷があったであろうということになったのではないでしょうか。調査では秀吉邸であることを証明するものは出てきませんでしたが、遺物には赤間石《あかまいし》製の猿面硯や中国産の天目《てんもく》茶碗・茶入・瑠璃《るり》釉《ゆう》小皿といった高級品が出土しています。後に紹介す

調査前　伝羽柴邸側の状況

礎石列検出状況

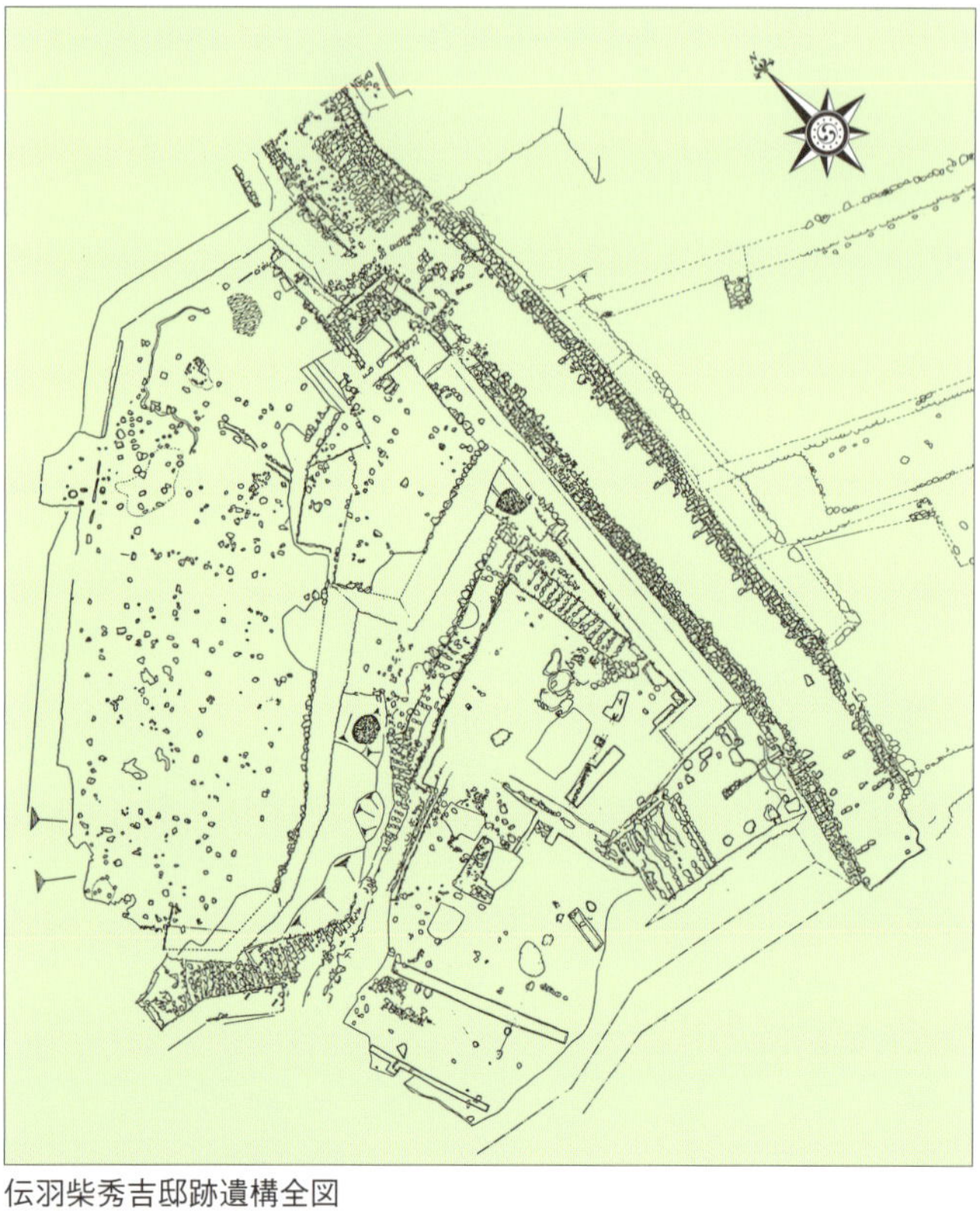
伝羽柴秀吉邸跡遺構全図

る櫓門《やぐらもん》や主殿のりっぱさ、櫓門付近から出土した金箔瓦《きんぱくがわら》から、織田信長の御座所《ござしょ》ではないかという意見もあります。

下段郭には大手道に向かって大きな虎口が設けられています。ここからは天主の礎石《そせき》と同じ大きさの門の礎石が見つかりました。礎石の配置から一階に脇戸が付く門で、二階を櫓とした櫓門であることが分かりました。櫓門は近世城郭に特有な防御を重視した門で、伝羽柴邸の櫓門はその初源となる可能性があり、城郭史上貴重な発見ということです。

櫓門の奥には建物の礎石が残っており、桁行き七間、梁間四間の厩《うまや》ではないかとしています。伝前田邸跡下段郭で見つかった三間厩《さんげんうまや》を二つ合わせた形と見なしたようですが、礎石が大きいこと、馬を入れる「立場《たちば》」の長さが短く馬がはみ出るということから厩ではなく客殿のような立派な建物とする意見もあります。

上段郭には、三〇～四〇センチ大の建物の礎石が多数残っていました。大手道沿いに虎口が設けられ、入った所に台所跡とした建物とその奥に主殿とした建物、台

下段部厩

下段虎口櫓門

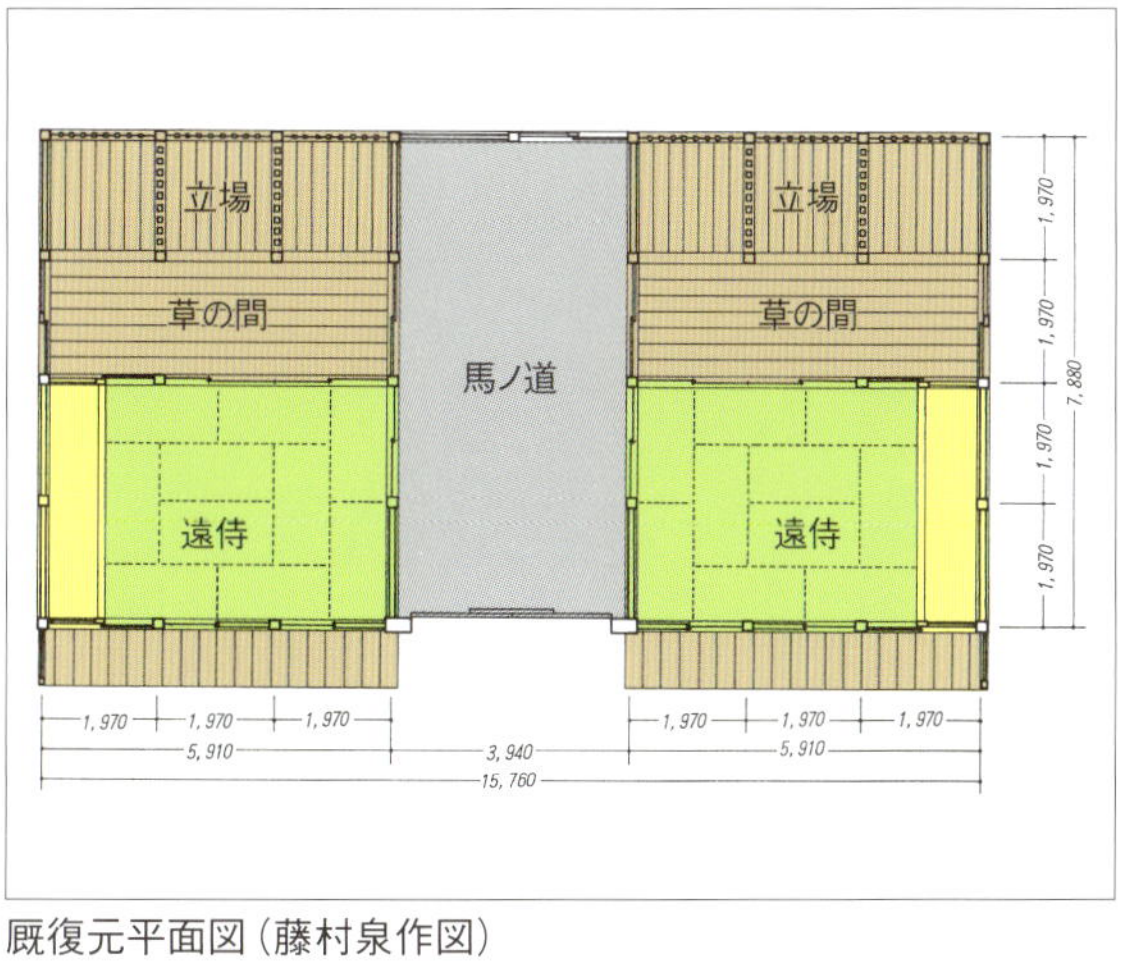

厩復元平面図（藤村泉作図）

櫓門のＣＧ復元

所跡の一段下の張り出した箇所に隅櫓《すみやぐら》を想定しています。すべての建物が同時期にあったとして復元していますが、主殿では、東西の建物の柱筋が通らず礎石が互い違いに並んでいる部分があります。東の建物を増築したとみたのでしょうが、建替えを含めて再検討の余地があると思われます。

上段部奥座敷礎石列（北から）

上段部主殿礎石列（南から）

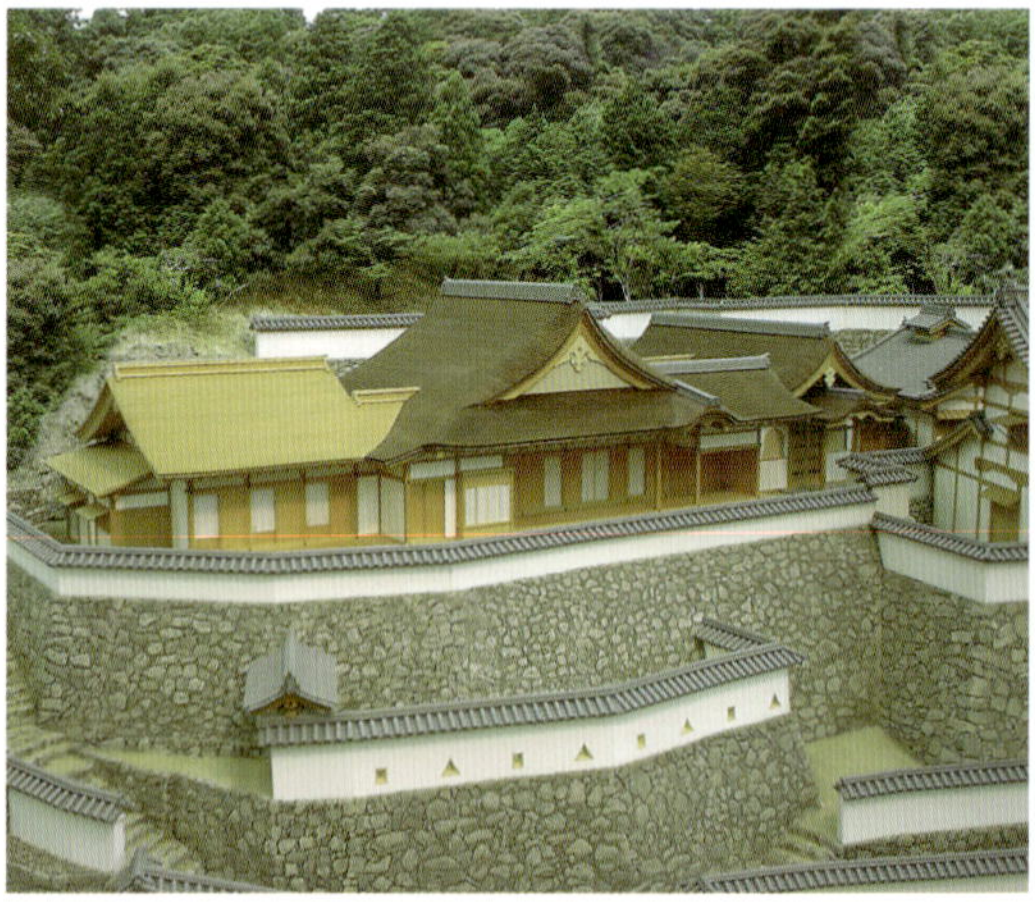
伝羽柴邸上段部建物群のＣＧ推定復元

隅櫓礎石列

下段から上段への連絡通路

整備後の埋設石垣の部分

また、隅櫓の箇所では、埋め戻された石垣が見つかっています。少なくとも二回の拡張工事を行っており、最後に隅櫓の部分が付け足されたようです。大手門を睨む位置にあり二階建ての物見櫓《ものみやぐら》を想定していますが、礎石が小さいことから厩かもしれないという意見もあります。埋没石垣の箇所はブロックを並べて表示してあります。

埋設石垣全景

埋設石垣

　上段郭の背後の石垣には窪んだ部分があります。その奥の石垣は途中までしか積んでいません。山肌が見えています。何故ここを窪ませなければならないのか、何か施設が取り付くのか、この窪み部分が何になるのかまったく分かりません。秀吉邸跡の謎の一つです。

上段部北側石垣　謎の凹部

伝前田利家邸跡

前田利家は、信長の赤母衣衆《あかほろしゅう》の一員でしたが、この時期は柴田勝家《かついえ》の与力で城内に広大な屋敷をもらう身分ではなかったと思われます。『安土古城図《あづちこじょうず》』にも記載は無く、第二次大戦後、羽柴秀吉と無二の仲であった利家の屋敷は秀吉の向かいにあったであろうと創作されたようです。

屋敷は、大きく上・中・下三段からなる構成ですが、上から順に継ぎ足されて作られていったことが大手道の石塁の継ぎ目からうかがえます。

伝前田邸も伝羽柴邸と同じく三〇～四〇㌢大の建物の礎石が良く残っていました。

建物は、下段郭に厩を中段郭に主殿・

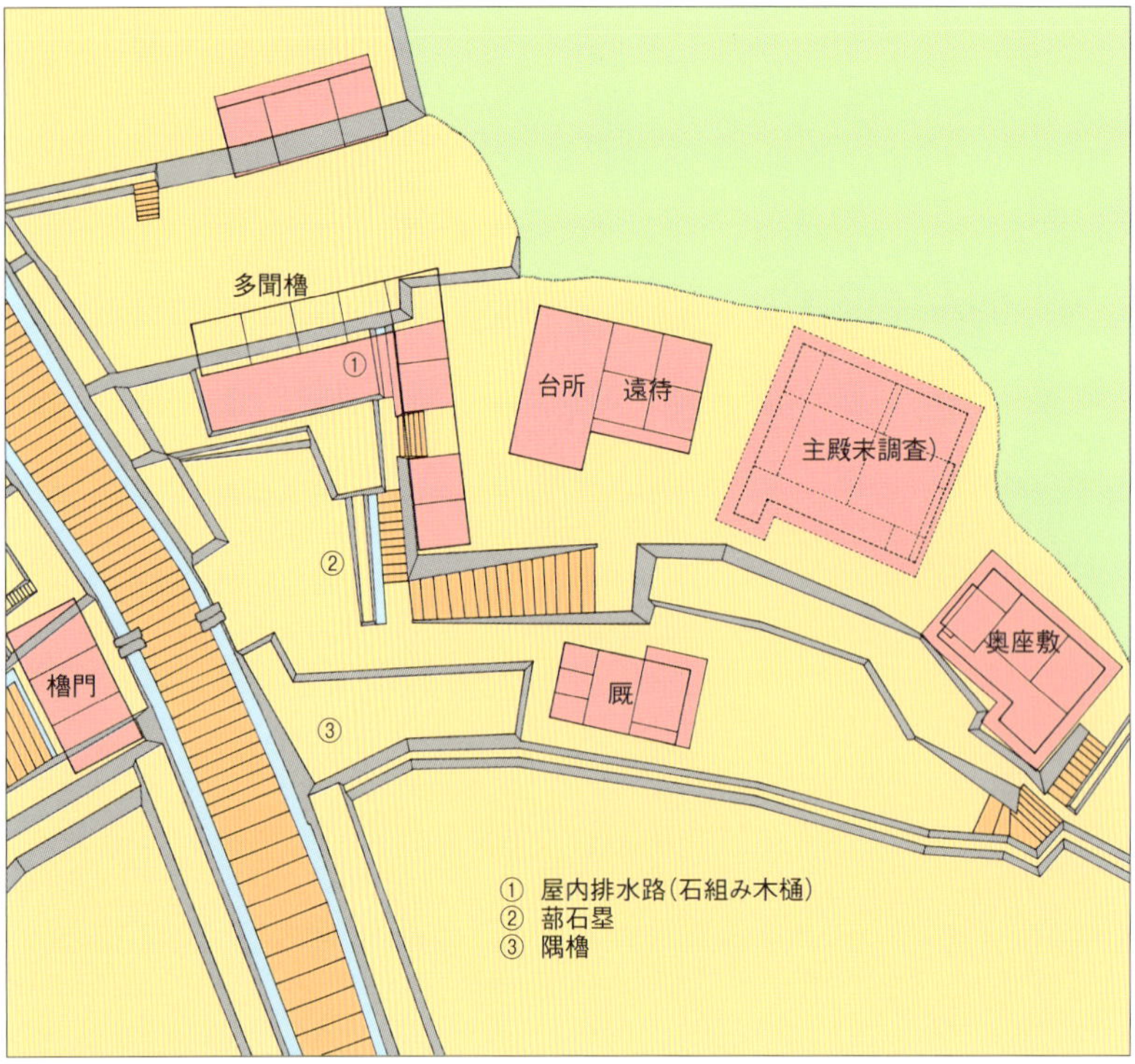

伝前田利家邸建物復元図

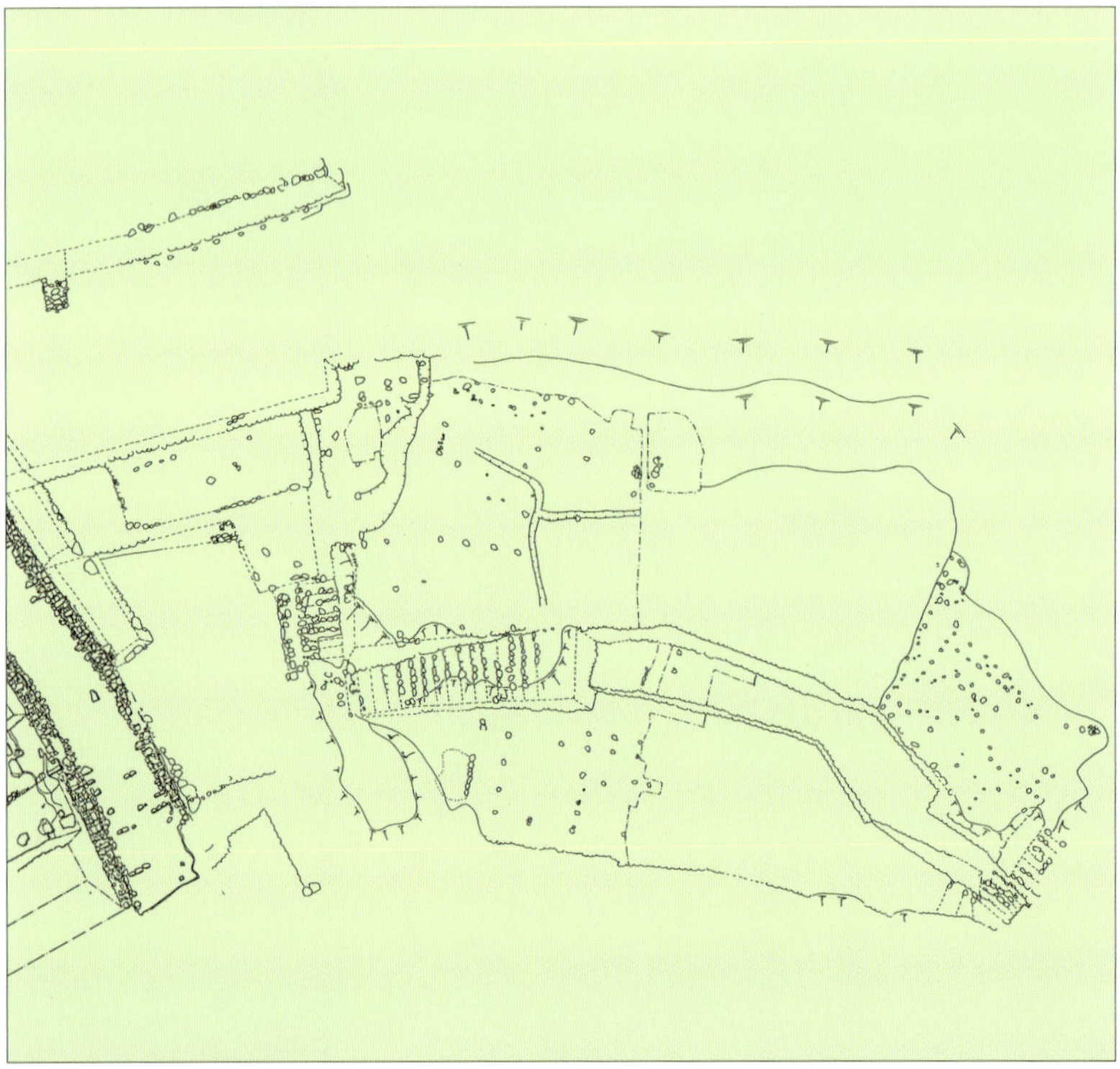

伝前田利家邸跡遺構全図

台所・奥座敷を、中段入り口には多門《たもん》櫓《やぐら》を上段郭には中段郭に柱が懸かる懸け造りの建物を想定しました。

下段郭の虎口は内枡形《うちますがた》と呼ばれる形態をとっていますが、門礎石等は残っていませんでした。虎口内は右手に隅櫓を想定し石垣を復元しました。正面には「蔀《しとみ》石塁《せきるい》」の石垣があり、左手には下部が岩盤となる石垣が構築されていました。蔀石塁により三方向に分かれる石段と通路を虎口から見えなくしています。一つは蔀石塁の裏を通って中段郭の多門櫓へ通じる幅の狭い石段、あと一つは虎口から直進して入る幅の広い石段で台所の建物前に至るもので、狭い石段のほうが勝手口、広い石段のほうが賓客《ひんきゃく》を通す玄関口と思われます。石段を上がらず広い石段の下を直進すると下段郭に至り、ここからは建物の礎石列が見つかっています。礎石の配置が江戸時代初期に江戸城大工棟梁《とうりょう》平内家《ひらうちけ》に伝わる木割書、今で言う設計図の『匠明《しょうみょう》』の殿屋集に記載がある「三間厩《さんげんうまや》之《の》図《ず》」と一致し

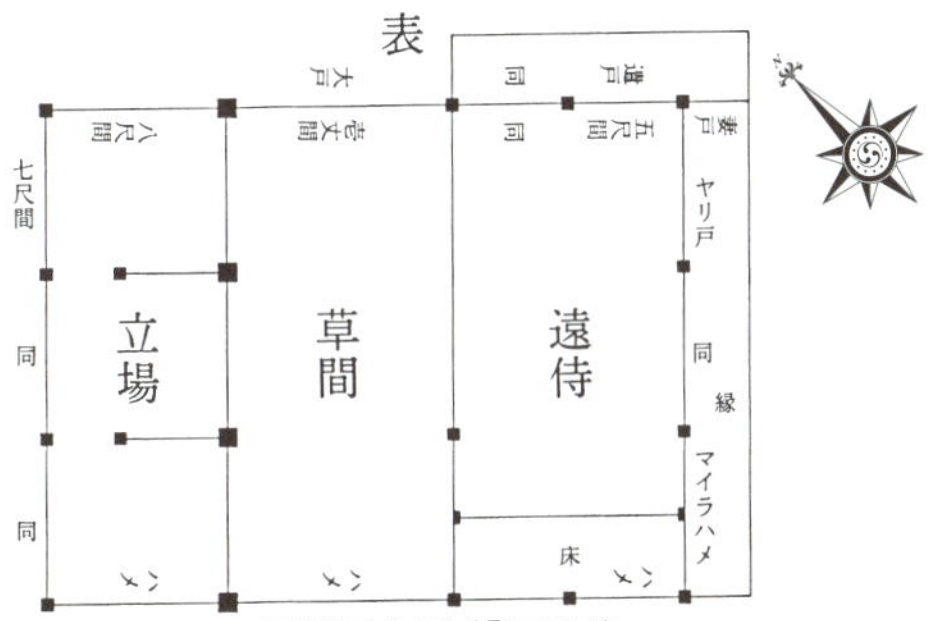

三間厩之図（『匠明』）

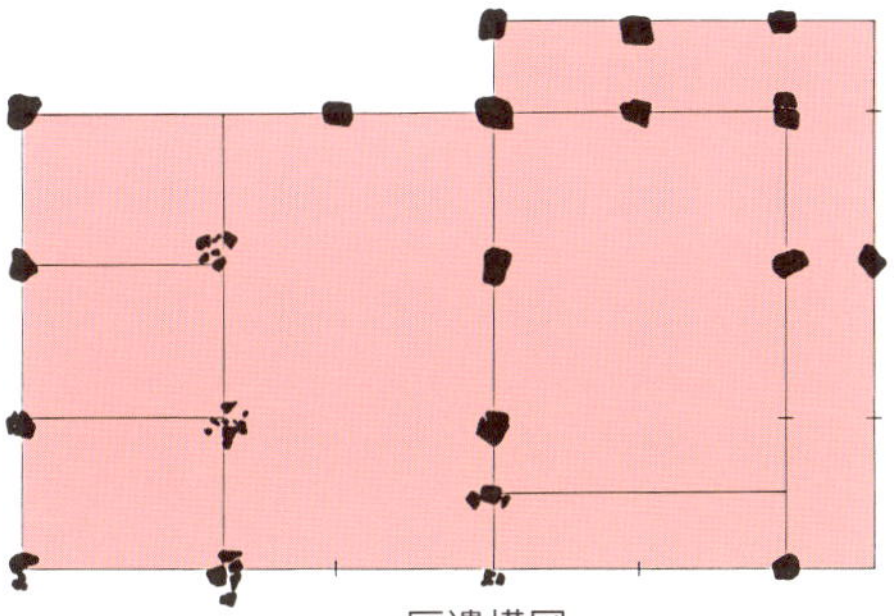
厩遺構図

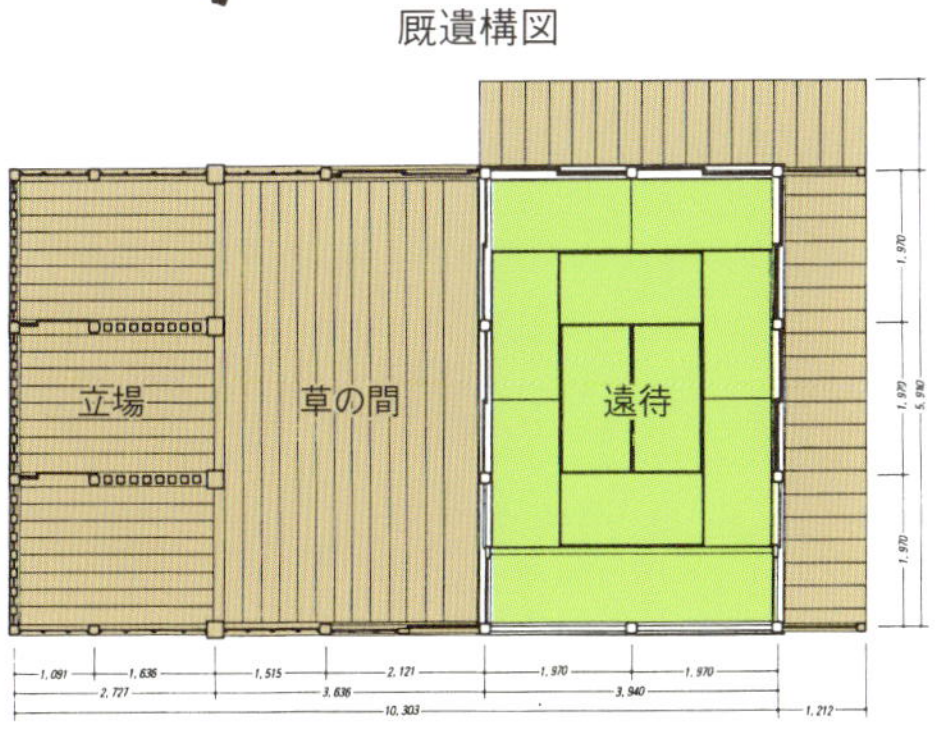

厩復元平面図（藤村泉作図）

厩跡礎石群

伝前田邸跡虎口（復元整備後）

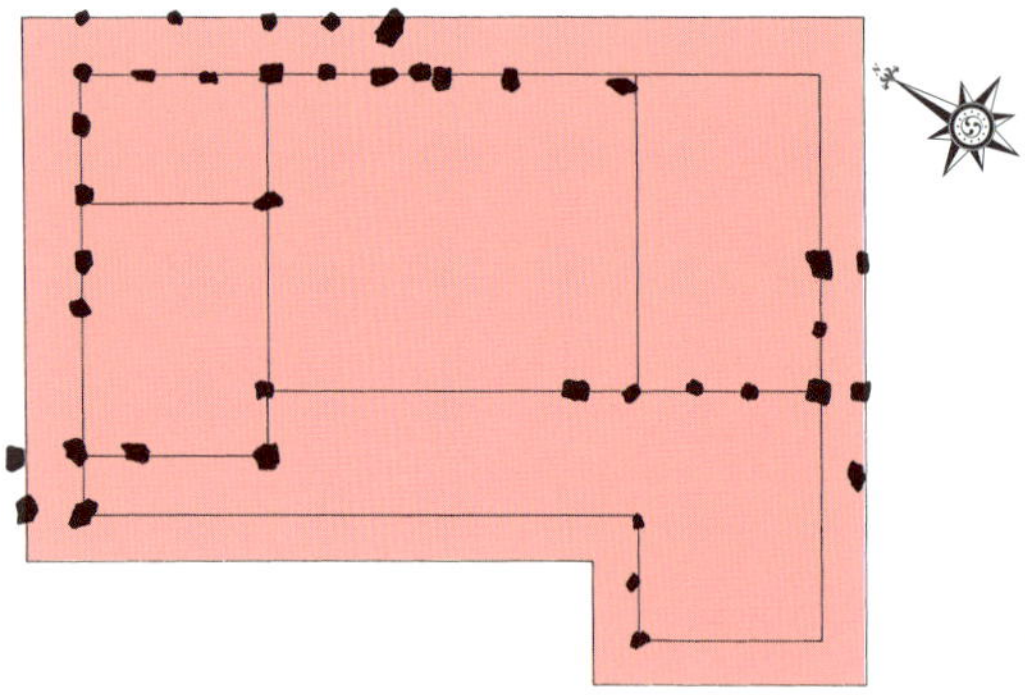

奥座敷遺構図

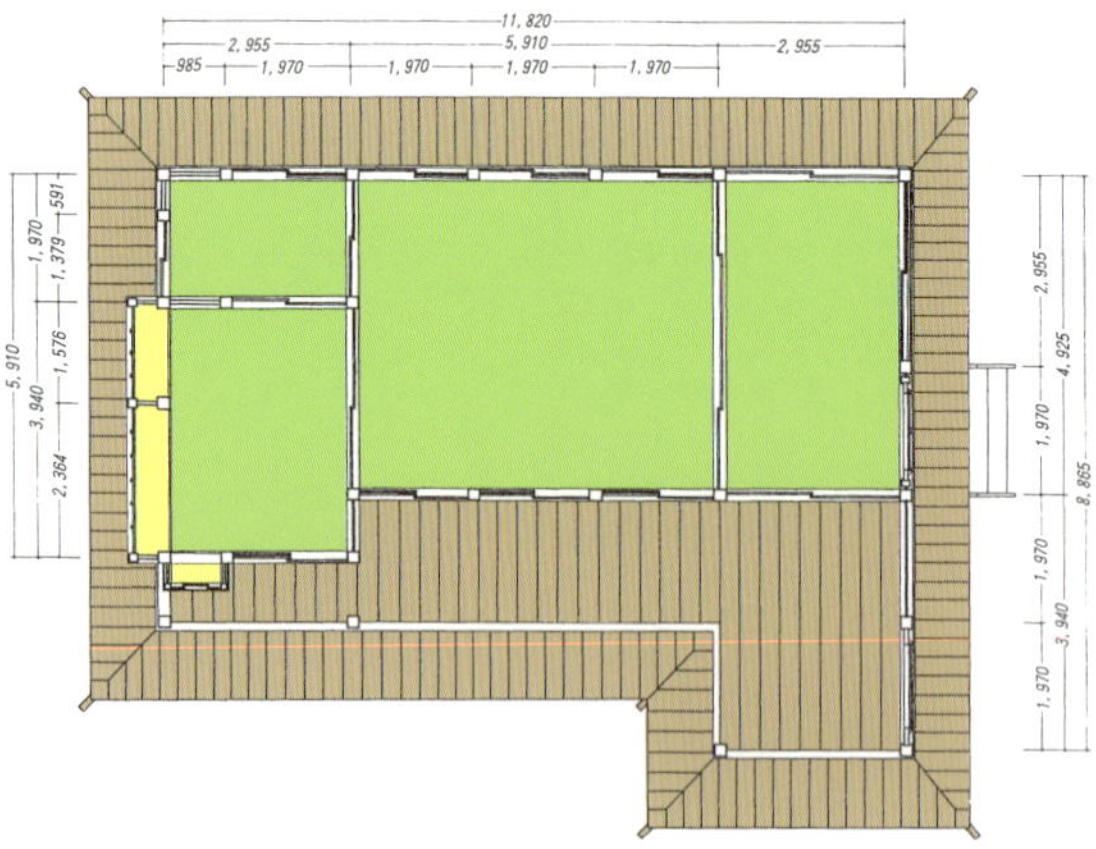

奥座敷復元平面図（藤村泉作図）

懸け造り建物の礎石列？

蔀石塁奥の木樋

ており、内部は馬が入る「立場」、餌置きや通路となる「草間《くさのま》」、馬の世話をする担当者が寝起きする「遠侍《とおざむらい》」に分かれています。馬三頭が入る三つの立場があることから三間厩と呼んでいます。

中段郭には、蔀石塁裏を通って多門櫓の中を通るルートと正面石段を上って入るルートに分かれています。多門櫓は虎口左手の下部を岩盤とする三段の石垣上にかけて矩形に連なる長屋門風の建物とし、中段郭にかかる部分は一段低いため二階建てとしていますが、三段目の石垣にかかる建物を二段目に下げて、後述する木樋《もくひ》をまたぐ櫓とし、二階建ての部分は入り口の門を薬医門《やくいもん》のようなものにし、両側に多門櫓を振り分けた方がいいのではないかと思います。

多門櫓の奥は、「台所」と「遠侍」を一体にした寺の庫裏によく似た建物と東側再奥に書院風の「奥座敷」とみられる建物の礎石が残っていました。この二棟の建物の間に「主殿」があると考えられますが今回は調査しておりません。

伝徳川家康邸跡

伝徳川家康邸跡は、『安土古城図』では、伝羽柴秀吉邸の向かいになっています。発掘調査では、伝羽柴邸跡上段郭の上の段二段を伝徳川家康邸跡としました。ただし、徳川家康は信長の家臣ではないので城内に屋敷を賜ることはありません。『安土古城図』が作られた時が江戸時代であったため徳川家康邸を創作したのではないでしょうか。「家康公」と記されていることからも窺えます。

屋敷地は、大手道直線路から西へ九〇度曲がる位置の角にあります。直線路の最終あたりに下段郭の虎口が、九〇度曲がった所で上段郭の虎口が見つかりました。上段部の虎口は、門の礎石が片側だけ残っていました。

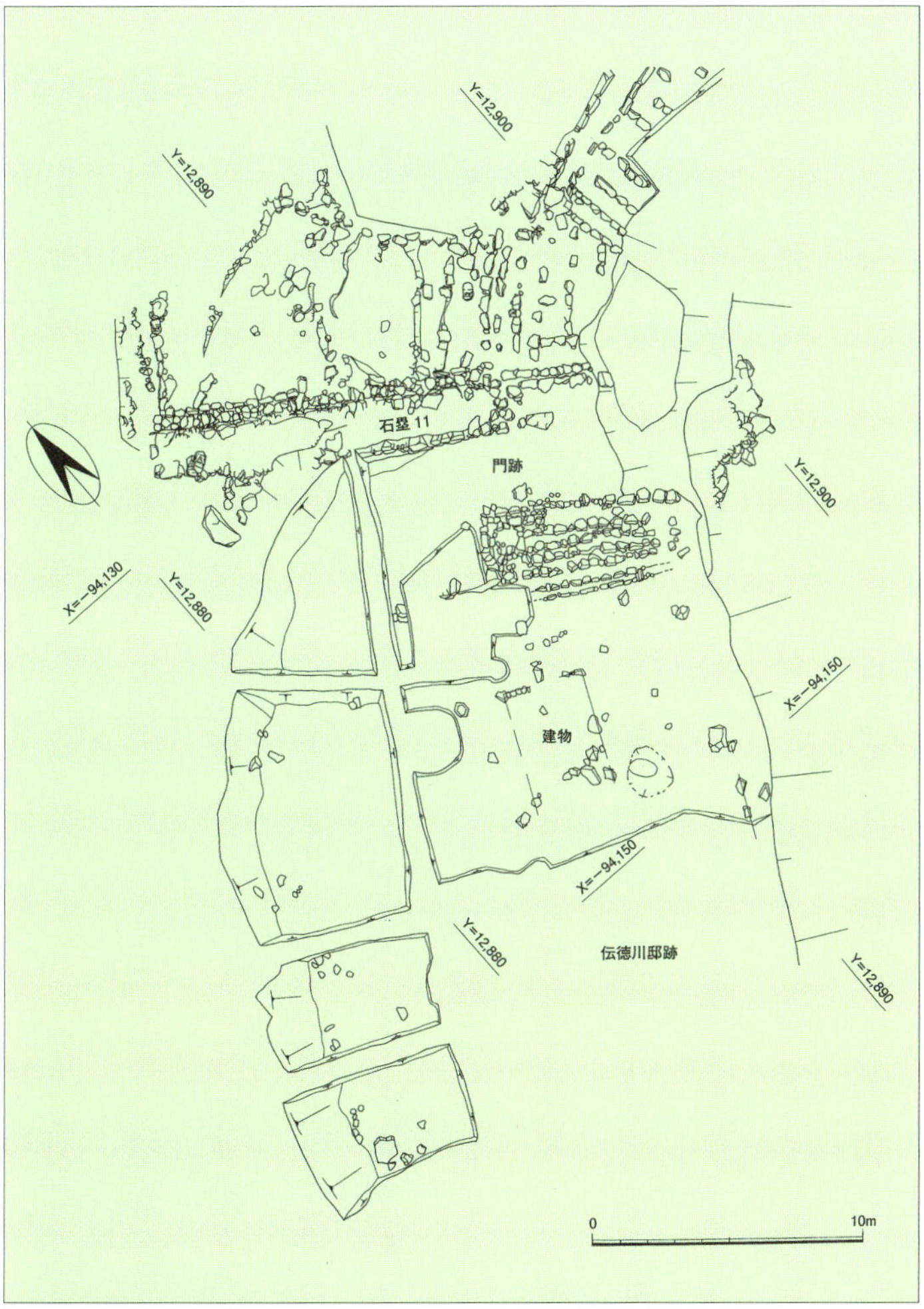

伝徳川邸平面図

虎口石段

郭内調査状況（大手道から）

石組み水溜検出状況

調査前の状況

郭内礎石列検出状況

虎口検出状況

伝武井夕庵邸跡

武井夕庵の名前を知っている人は、よほどの信長通です。夕庵は、元は斎藤道三のかわりに書状を代筆していた右筆《ゆうひつ》でした。道三亡き後、信長に仕えて信長の右筆となりました。現在残っている「天《てん》下布武《かふぶ》」印の押された書状の多くは夕庵筆のものです。また、城内に屋敷を賜ったことを記す記録が残っている家来です。

夕庵は信長に意見が言えるナンバー二の人物であったと言われ、『信長公記』の天正六年正月の茶会で信忠の次に列せられていたことからもうかがえます。夕庵が安土城にいた頃はすでに六〇歳を越えた年寄りだったとみえ、天正九年の京での馬揃えでは、山姥の格好に変装して馬にしがみついており、見物人から絶賛をうけたというユニークな一面もあったようです。茶の湯にも造詣が深く、安土城下町の常楽寺に残る「梅の川」は夕庵が信長に献じた茶の水を汲んだ井戸とされています。主郭部玄関の伝黒金門に近く、井戸があることから夕庵邸としたの

伝武井邸背面の高石垣

伝武井邸跡で発見された井戸

常楽寺にある「梅の川」

伝武井邸跡土蔵

でしょうが、年寄りの夕庵にはここまで来るのは大変だったでしょう。

　発掘調査では、ジグザグに曲がる「七曲り」の終点あたりに虎口が設けられており、屋敷地の背面には幅二〇メートルの高石垣が山の根となる岩盤上に直に築かれています。石垣の石は背後の地山斜面にはめ込むような形で積まれており、伝前田邸跡の石垣と共通する手法です。

　虎口の門は礎石配置から四脚門《しきゃくもん》と思われ、その奥に二棟の建物が発見されましたが、廃城後の土地利用で遺構面が削られており、建物の規模は分かりませんでした。

　奥の一棟は壁の地覆石が並ぶことから土蔵であった可能性があります。

　入り口の脇には石組みの水溜があり、屋敷の北東隅には周囲を方形の石敷きで囲った石組みの深さ六メートル以上の井戸がありました。石敷きは一九世紀頃の遺物が出土する面に葺かれているので新しいものですが、井戸については、築城当初のものがそのまま近年にまで使用されていた可能性があります。

百々橋口道

百々橋《どどばし》口道は、安土山と城下町を隔てる堀に架かる橋に由来する名称で、旧摠見寺境内を経て山頂部へ至る尾根道を指します。記録に登場する唯一の城内路で、位の高い家臣もこの道を登ったようです。

道がほぼ真っ直ぐに伸びる上半部分では両側に石塁が設けられ、上に向いて右側に側溝《そっこう》が設置されています。石塁の石垣は側溝底の敷石の上に据えられていることから、後世の改修は行われていないようでした。一方、曲がり角が二ヵ所ある下半部には、石塁が設けられていません。また、発掘調査によって、数十センチ下層から古い石段や側溝が見つかりました。ルートは変更されていませんが、現在の石段は後世に改修されていました。

百々橋口道の両側には三段にわたる郭が築造されています。上二段を調査したところ、雨落ち溝が見つかり、建物があった形跡はうかがえたのですが、内部の詳しい様子はわかりません。

百々橋口道から二王門

百々橋より百々橋口道

石段撤去後の下層石組み溝

百々橋口道周辺の郭群

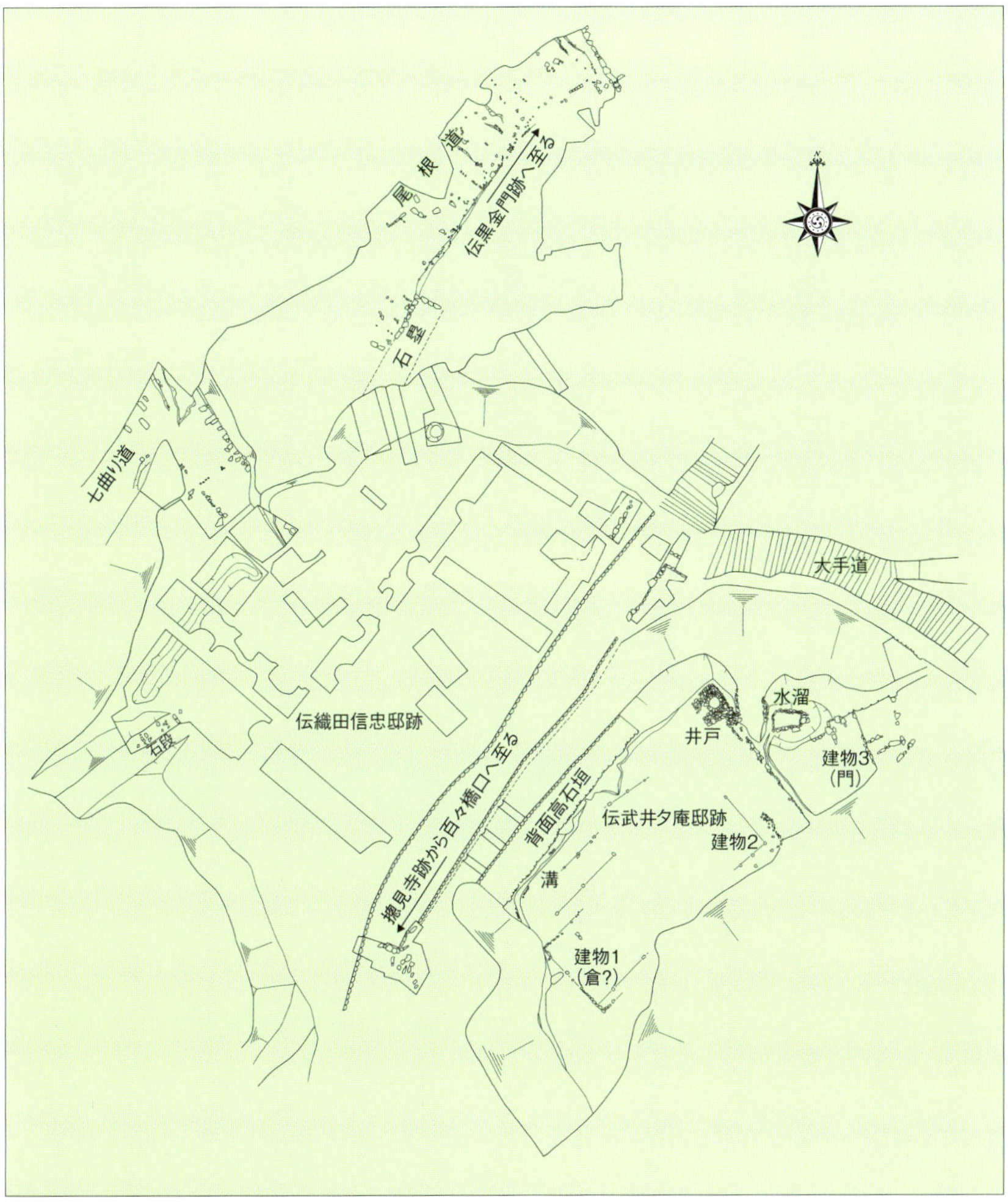

伝武井夕庵邸跡・伝織田信忠邸跡遺構図

伝織田信忠邸跡

主郭部と西尾根頂部の旧摠見寺跡との間の鞍部《あんぶ》に位置する郭跡です。『安土古城図』にもとづいて信忠邸跡とされていますが、今回の発掘調査では城内路を復元するうえで問題となりました。

百々橋口道は旧摠見寺境内を抜けたあと、伝信忠邸の南辺を画す石垣に沿う大手道と合流します。この石垣は保存状態がよくありませんが、中ほどで伝信忠邸へ入る虎口がみつかったものの、ここから伝黒金門にいたる道は確認できません。つまり、ここを通る大手道と伝黒金門をつなぐ最短ルートはなかった可能性があります。伝信忠邸の北側には安土山西麓から登る通称七曲り道が到達し、百々橋口道は旧摠見寺の居住区からここを経由して伝黒金門につながります。

伝信忠邸の内部と周辺は江戸時代に摠見寺の畑地となったため、当時の遺構は残っていませんでした。伝信忠邸を横断する現在の通路は仮の道です。

旧摠見寺跡（西から）

摠見寺跡

摠見寺は築城とともに創建された寺院です。本格的な伽藍《がらん》を備えた寺院が城内に建てられ、百々橋口道が境内を貫通することなど、摠見寺の配置には驚かされるところがあります。

信長の菩提寺として性格付けされたのは豊臣秀吉の頃で、そもそも信長が創建した意図はよくわかっていません。信長が自らを神とし、自身に擬した「盆山」という石を摠見寺にまつらせたというフロイスの記述に対する評価は分かれるところです。

安土城が焼失・廃城したあとも堂塔は残りました。摠見寺は秀吉から寺領百石寄付の朱印状を与えられ、秀頼から三重塔の修理、書院・庫裏《くり》の寄進を受けるなどして、保護されています。徳川秀忠からは寺領を二二七石に加増され、江戸時代には寺院領主として存続しました。摠見寺は五十年ごとに盛大な遠忌供養《おんきくよう》を執り行って信長の菩提《ぼだい》を弔い、伝二ノ丸跡にある信長廟と安土城跡を守り伝えてき

摠見寺二王門　重要文化財

超光寺表門　滋賀県指定文化財

摠見寺三重塔　重要文化財

ました。

残された堂塔は嘉永七年（一八五四）に本堂ほかが焼失。明治十二年（一八七九）には裏門が南須田《みなみすだ》の超光寺《ちょうこうじ》表門として移築され、鐘楼《しょうろう》などは腐朽・撤去されるなどして、現在は三重塔と二王門（ともに国指定重要文化財）が残るのみです。大手道沿いにある現在の摠見寺は、本堂焼失に伴って仮本堂としているものです。

摠見寺は創建にあたって各地から堂塔を移築しており、残された三重塔には柱に享徳《きょうとく》三年（一四五四）の墨書があることから一五世紀中頃に建立されたと見られます。この塔は湖南市長寿寺《ちょうじゅじ》から移築されたと推定されています。

発掘調査の結果と記録を総合すると、当初は本堂・三重塔・鐘楼・鎮守社《ちんじゅしゃ》・拝殿・二王門・表門・裏門が、中世密教寺院の標準的な伽藍配置にしたがって並んでいました。残されている保存状態のよい基壇《きだん》・石敷き・礎石などは、幕末期に焼失した当時の伽藍の姿を反映しています。本堂の基壇は創建当時の状態をよく残していますが、縁の化粧積みの一部は、切石《きりいし》に置き換えて修理されているのが認められます。

寛政三年の絵図によると、本堂西側の建物跡は書院、一段下がった敷地は庫裏となっており、これらは秀頼が寄進した建物と見られます。

寺域の北東部は、長屋・木小屋・浴室など寺院生活を支えた居住空間で、江戸時代に整えられたようです。また、先述の絵図によれば、伝信忠邸には塔《たっ》頭《ちゅう》松源庵《しょうげんあん》がありましたが、この遺構は残っていません。松源庵は安土山東端の松源院弘法堂に移築されたようです。

庫裏跡では下層から別の建物跡らしい遺構が確認されました。『信長公記』によると「摠見寺毘沙門《びしゃもん》堂《どう》御舞台」があって、家康らをまねいて幸若舞《こうわかまい》や能が催されたとあります。下層遺構はこうした建物の一部の可能性があります。

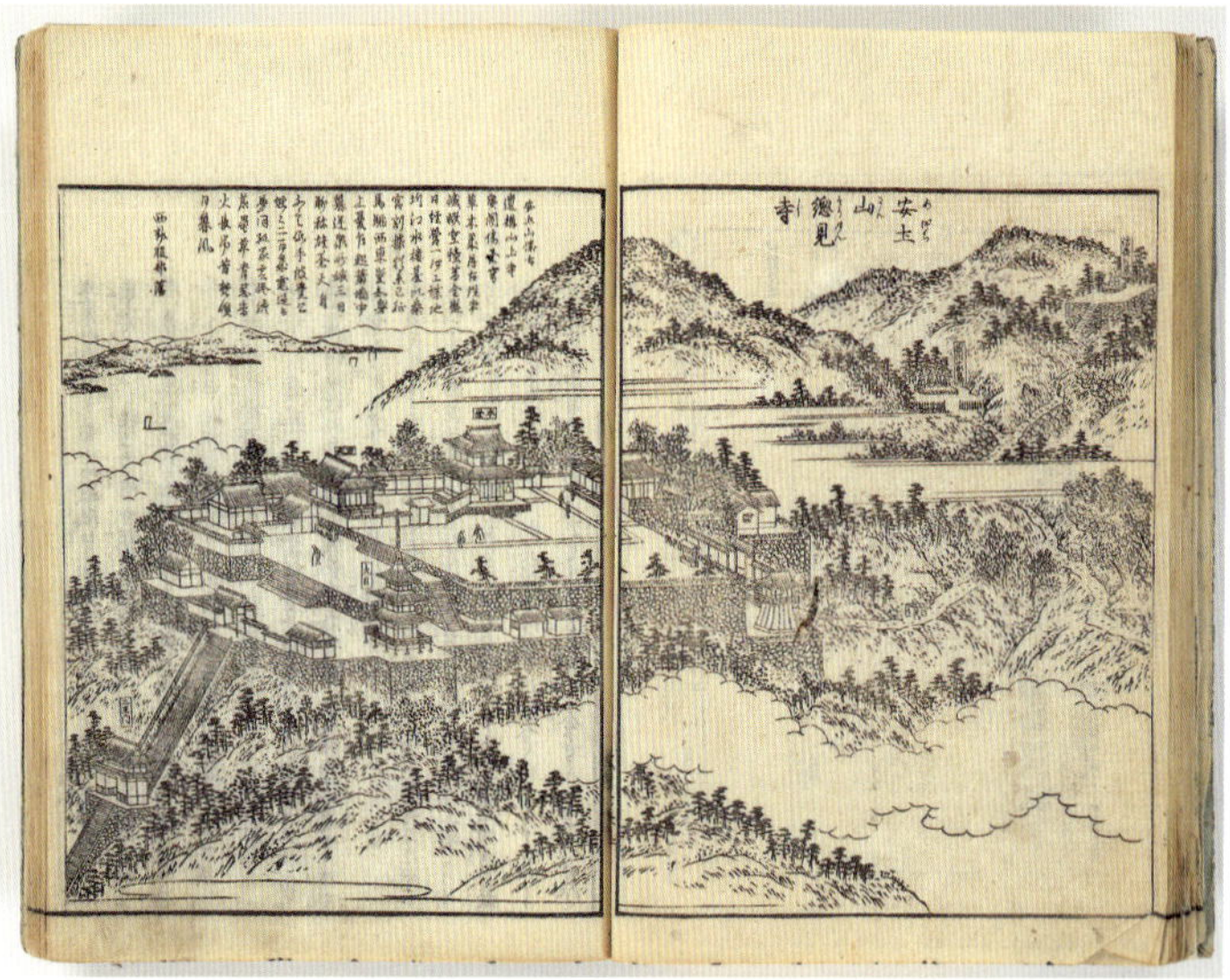

『近江名所図会』（滋賀県立図書館蔵）より　「安土山總見寺」

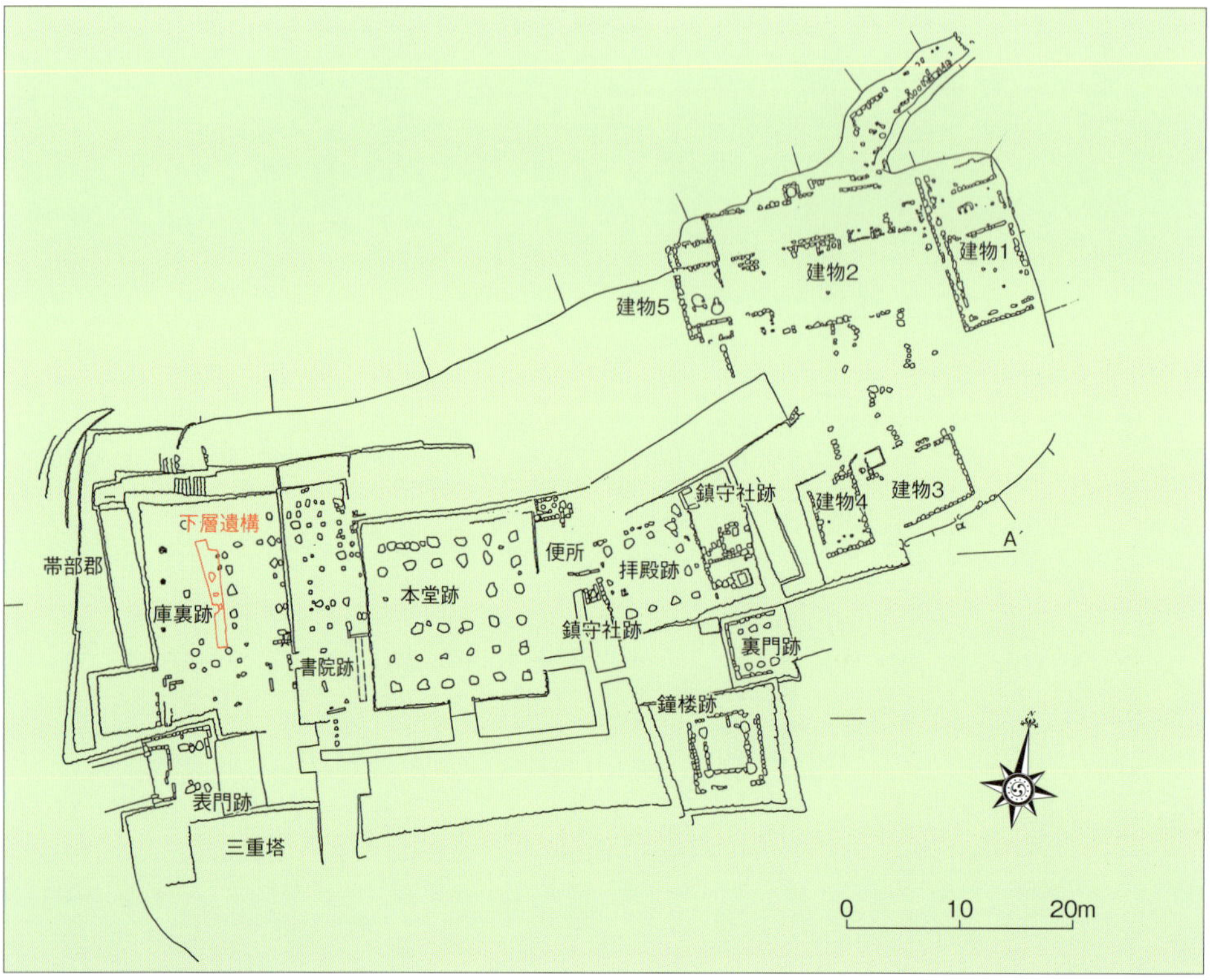

摠見寺跡遺構全体図

尾根道

調査中の尾根道

整備後の尾根道

伝信忠邸北側から伝黒金門をつなぐ道には立派な石段が整備されていますが、実はこの部分の遺構は保存状態がきわめて悪く、どのような構造で、どこを繋いでいた道なのか、正確なことはわかりません。

少なくとも伝黒金門にいたる道は門から西へ延びていたことは間違いありません。この道の上半部分の石段は江戸期のもので、当時の石段はこの改修で壊されていました。その途中から道が分岐していたことが発掘でわかり、この道は伝黒金門の南を迂回して東へ延びていますが幅が狭く、脇道と考えられます。

道の下半分は保存状態が特に悪く、石段の踏み石を安定させる根石と、南側の縁には石塁があって虎口が開口していたことがかろうじてわかりました。

いずれにしても、尾根道から伝信忠邸を横断する道の形跡は見つかりませんでした。

大手門周辺・南面山裾部

大手門から百々橋口に至る南面山裾部

大手門周辺

「大手・・」は築城当時にはない呼び方ですが、江戸期の『安土古城図』に記載された「大手」にもとづいて安土山南麓一帯を大手口と呼ぶことにします。

この古絵図には、安土山南斜面の谷口を東西に延びる「土居《どい》」が遮断しているように描かれており、その中央を安土山へ登る「大手（道）」が通っています。調査の結果、この土居は石塁であったことが判明しました。

大手道沿いの伝羽柴秀吉邸跡と伝前田利家邸跡は南辺を高石垣で区切っており、ここから石塁までは、比較的低い石垣で三段ほどの郭が雛壇状に配列しています。安土城の全体構造を考証するうえで重要な部分ですが、一帯はのちに水田化されたため、残念ながら多くの遺構は消失していました。

〈大手石塁と門〉

東西に一〇〇メートル余りに延びる石塁は、大手口を塞ぐ防衛線として重要な位置を占めます。石塁と大手道が交差する地点

東石塁と東虎口、石段全景航空写真

東石塁と東虎口

西虎口右袖石垣

西石塁北側石垣と側溝

に大手門が存在すると推定しています。しかし、推定地から西方へ約三〇メートルにわたって石塁の遺構は完全に消失しています。推定地からは礎石数個と門基壇かもしれない版築《はんちく》が見つかったものの、相互の位置関係から門構造を復元できる状態にはありません。

石塁は東半部では南側石垣の二段目まで、西半部では北側石垣二段目までと石組み側溝が残されており、東石塁の基底部幅は約四・二メートルでした。全体に保存状態が良くありません。

石塁の東西は正しく一直線にはならず、大手門推定地で少し角度がついています。大手口石塁で注目すべきは、推定大手門から東西方向へそれぞれ約三八メートル離れた場所に平入り虎口が開口していたことです。さらに西虎口から約八メートル離れた場所にも、石塁西端を東壁とする枡形虎口が開いていました。

東虎口は間口が約五メートルで、床が堅く叩き締められ、門礎石は失われていました。西虎口も間口約五メートルで、やはり門礎石は失われていました。枡形虎口は石塁の西

『近江国蒲生郡安土古城図』（個人蔵）
大手門周辺

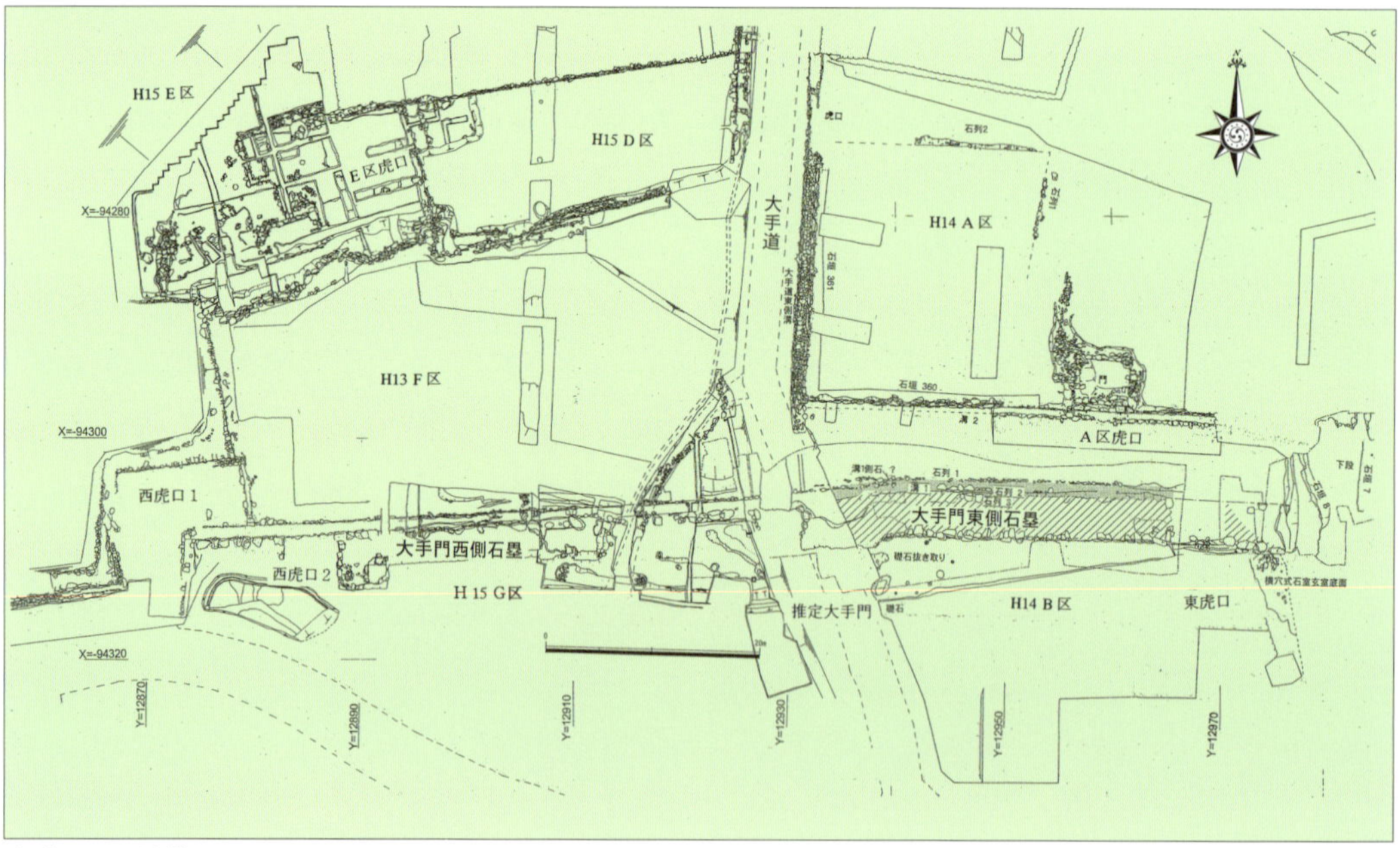

大手口周辺遺構図

端と対面する櫓台との間を開口しており、間口は約六メートルです。内部の方形空間を右折し、ここで門をくぐって城内に入る構造です。こうした折れと枡形空間を設けるのは防御を固める工夫ですが、門から城内に入った場所に西虎口が平入りで開いているので、防御の効果はありません。

〈大手門周辺郭〉

『安土古城図』では石塁の内側にも沼が描かれていますが、石塁の両端近くにも虎口が開いていたことから、城の一部として機能する空間であったはずです。特異な城門の背後であることからその内容が注目されますが、水田化によって遺構はあまり残されていません。東石塁の北側には幅約七メートルの通路が沿っており、背後の石垣の虎口は東虎口と食い違いになっています。西側の上段郭は門を組み込んだ建物跡と石敷きを伴う井戸が見つかり、傍らには築城中に使用された竈跡《かまどあと》が見つかりました。

〈模様積み石垣〉

東上段郭の南・西面石垣、そして西端枡形虎口の東面石垣には、巨石を等間隔

模様積み石垣、東側上段部南面石垣

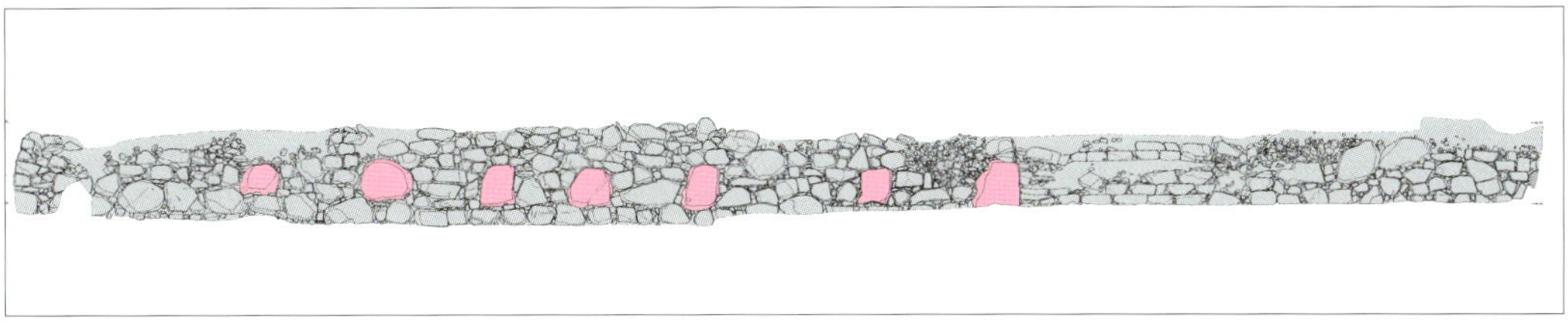

東側上段郭南面石垣立面図

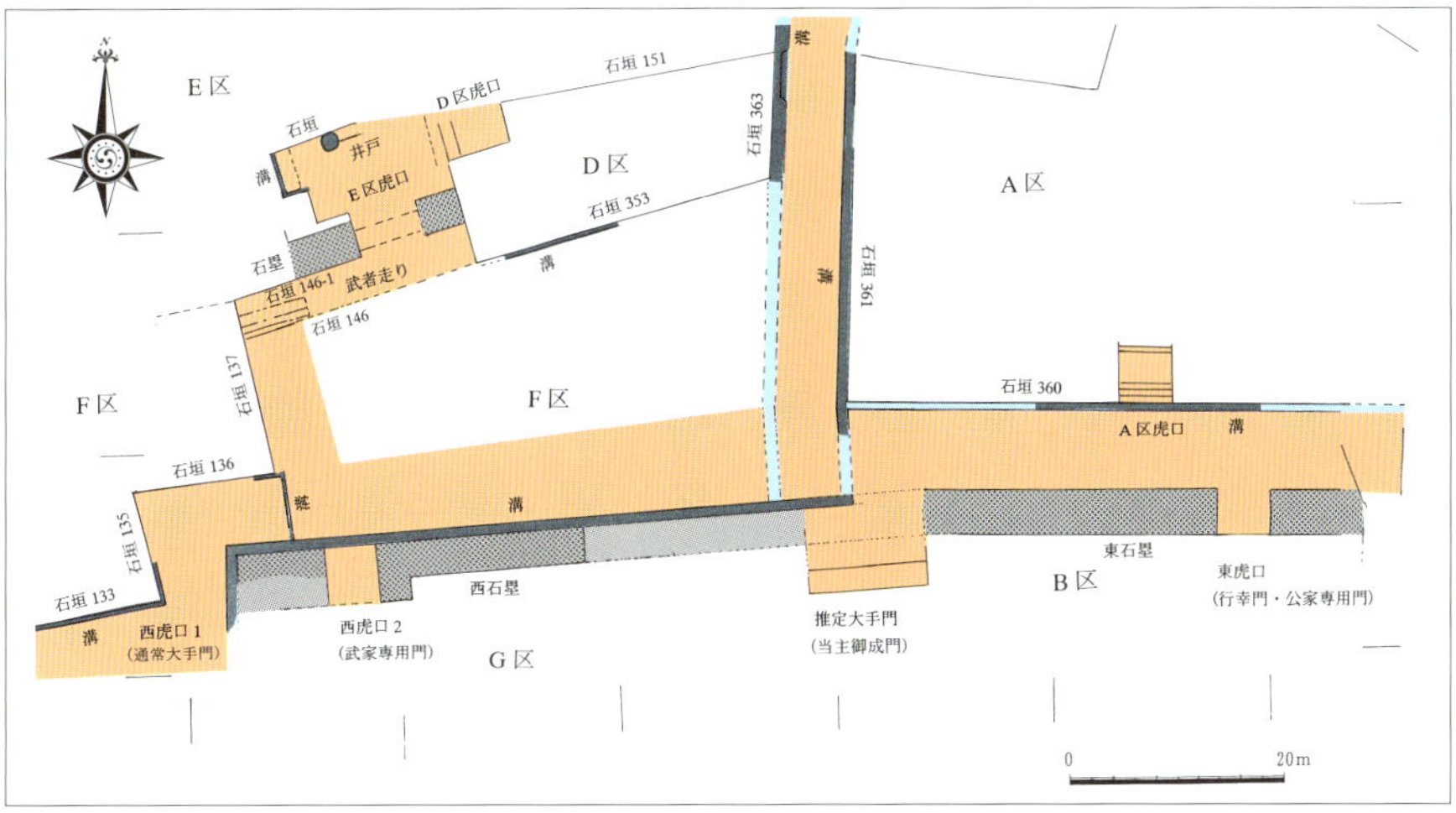

大手口周辺の概要

に配置して、リズミカルな効果を醸し出しています。こうした模様的な石積みは、特に大手口に配置されているようです。

〈天皇行幸《ぎょうこう》を迎える門〉

大手石塁の城門が推定大手門を含めて四ヵ所も開口しているのは、攻め手に利するばかりでいかにも不自然です。石塁の四門には、別の目的があったと見られます。伝本丸跡の建物跡や直線的に延びる大手道は、後述のように安土城に正親《おおぎ》町《まち》天皇を迎えるための施設と推定しており、大手口の四門もそれに関連した施設と推察されます。つまり、西端の枡形虎口は別にして、中央の推定大手門は天皇の御成門《おなりもん》、東西の二門は随行や家臣のための門という解釈です。天皇の居所に南面する門を三ヵ所設けることは、古代都城以来の礼法に従っていると考えることができます。そうすると、西端の枡形虎口は城下町方面とつながっていることから、家臣達の通用口と考えられそうです。

大手前広場

『安土古城図』では大手口石塁から下街道(県道大津能登川長浜線)まで沼が広がっており、大手口石塁は内堀に直接面していたと考えられていました。とこ

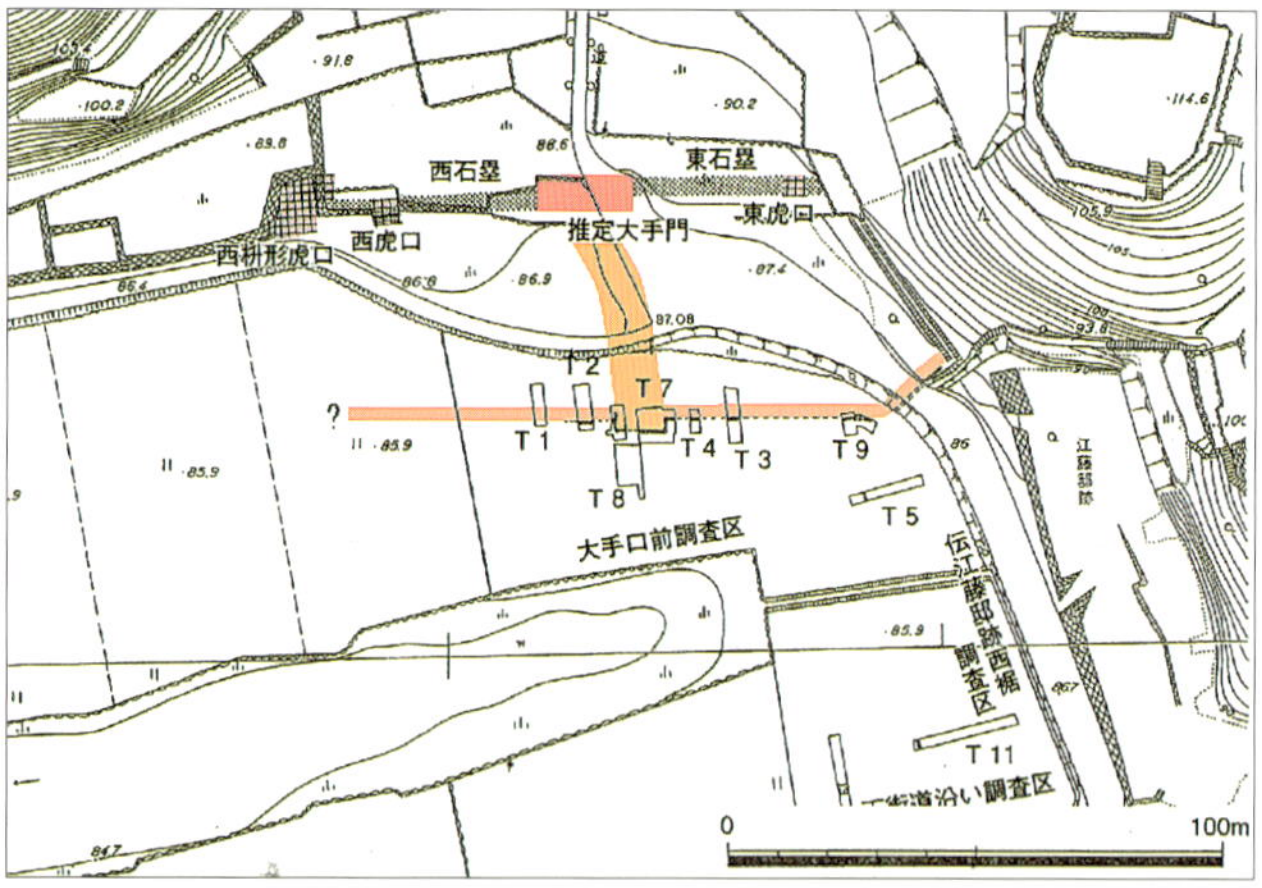

推定大手門と広場

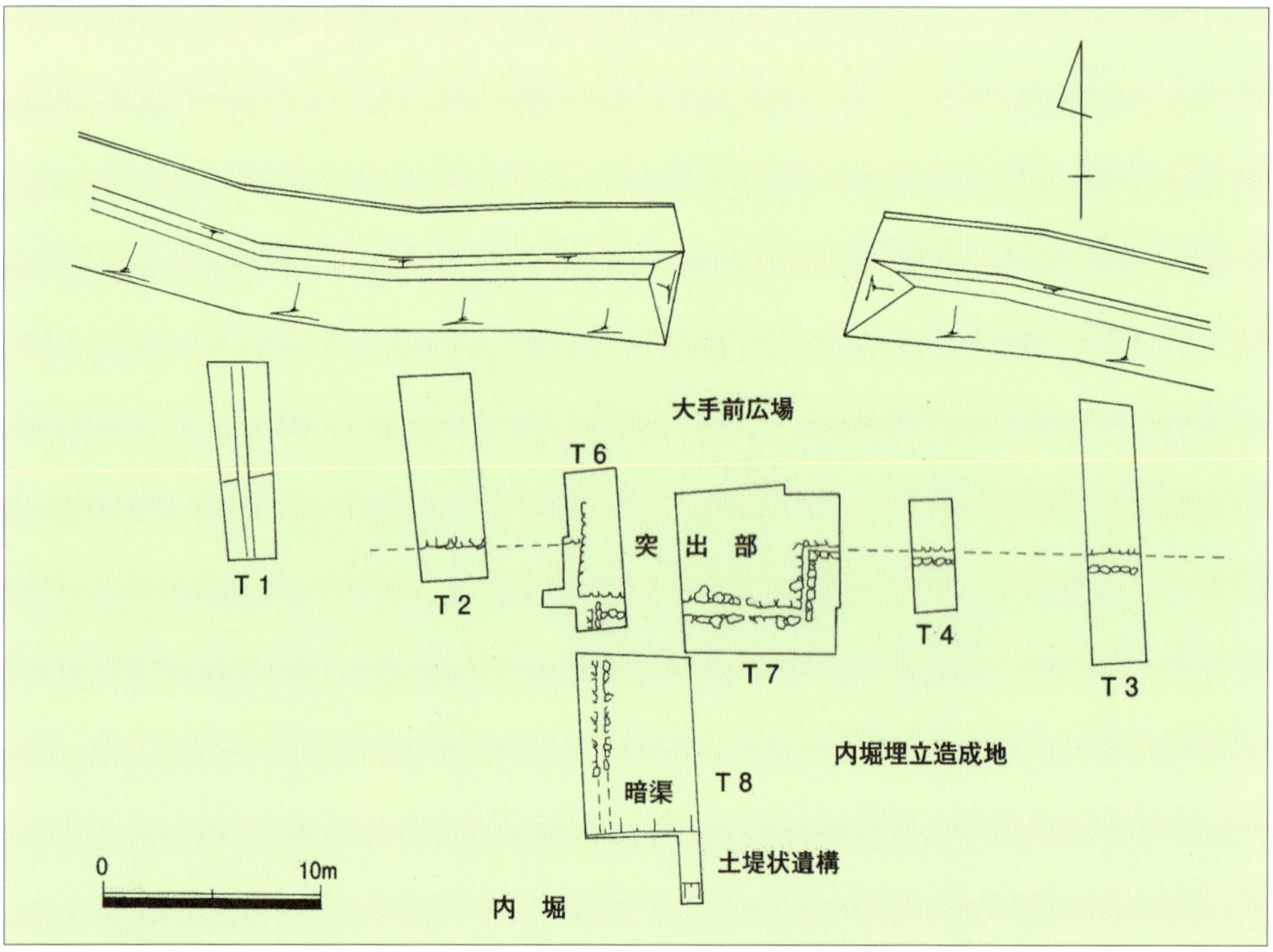

大手広場遺構概略図

ろが、石塁の四門と後述する百々橋口方面へ山裾道が延びることが確認されたことから、大手門前には何らかの施設があったと考えられるようになりました。発掘調査を行ったところ、石塁から約四四《メートル》南に離れた地点から南に面をそろえた石垣が見つかり、これが内堀北辺になることがわかりました。

　内堀は後世に埋め立てられ、石垣の対面に石列を並べて石組み溝に改造されていましたが、埋め立て造成土の下に石垣は良好に保存されていました。

　この石垣は内堀の底を基礎とすることから、石垣の不等沈下を防ぐため、一部分では基底石の下に胴木を据えていました。胴木にはほぞ穴が切られていて建築材を転用しています。この

内堀石垣の張出部

内堀石垣の胴木

石垣は東西六〇メートル以上に延び、東端は山裾近くまで届いていたようですが、西端は後世に石垣が除去されて確認ができません。

石垣の内側はおそらく内堀から採掘した造成土で広大な面積を埋め立てていました。石垣の上部には塀や石塁を築いた形跡が認められないので、この造成地は馬出《うまだし》のような防御施設にはならず、別の目的をもった広場としていたようです。大手石塁の四門と同様に、天皇行幸のための儀礼を行う空間であったかもしれません。

この石垣には、内堀側へ二・五メートル張り出している部分が、幅九・七メートルにわたって認められました。この位置は、およそ大手道の延長上にあることから、内堀にかかる橋の橋台であった可能性があります。大手口の正面観を具体的に復元するうえで重要な発見でしたが、位置的にやや東にずれていることや、橋脚が発見されなかったことから、今後さらに検討が必要です。

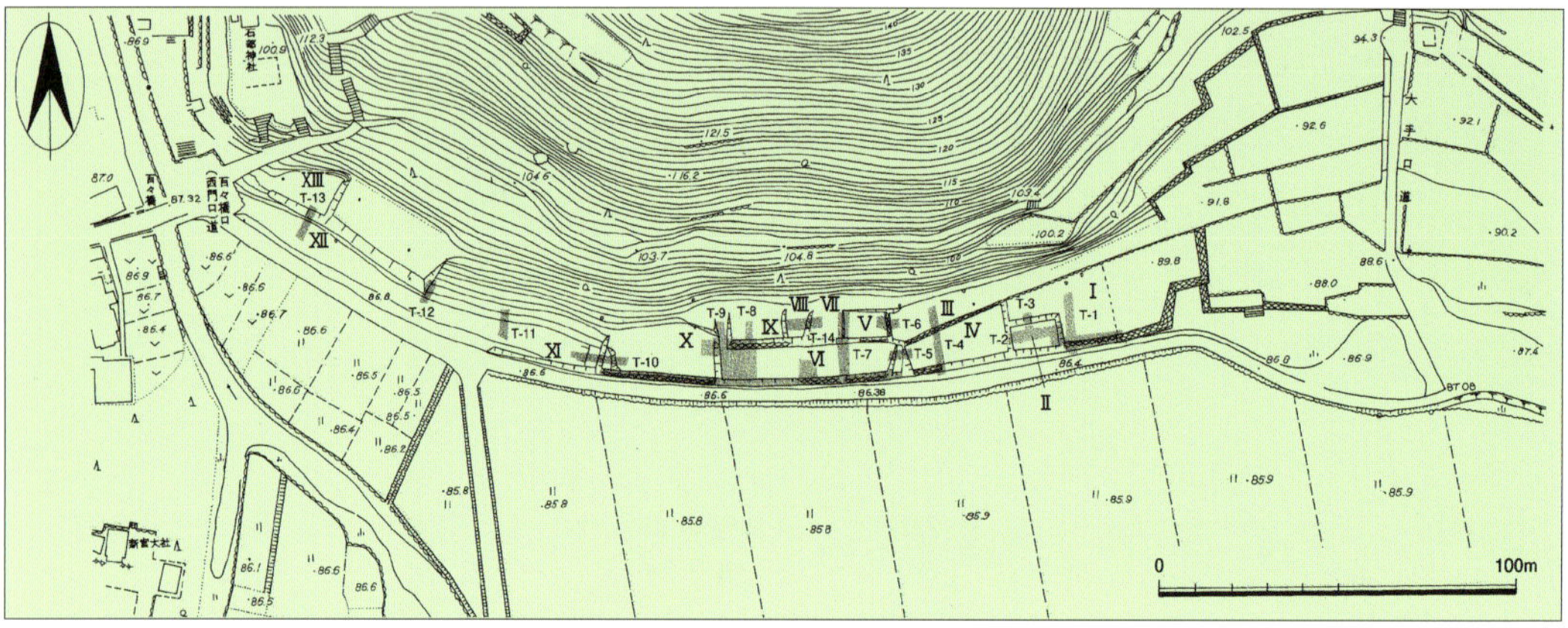

大手口から百々橋口調査位置図

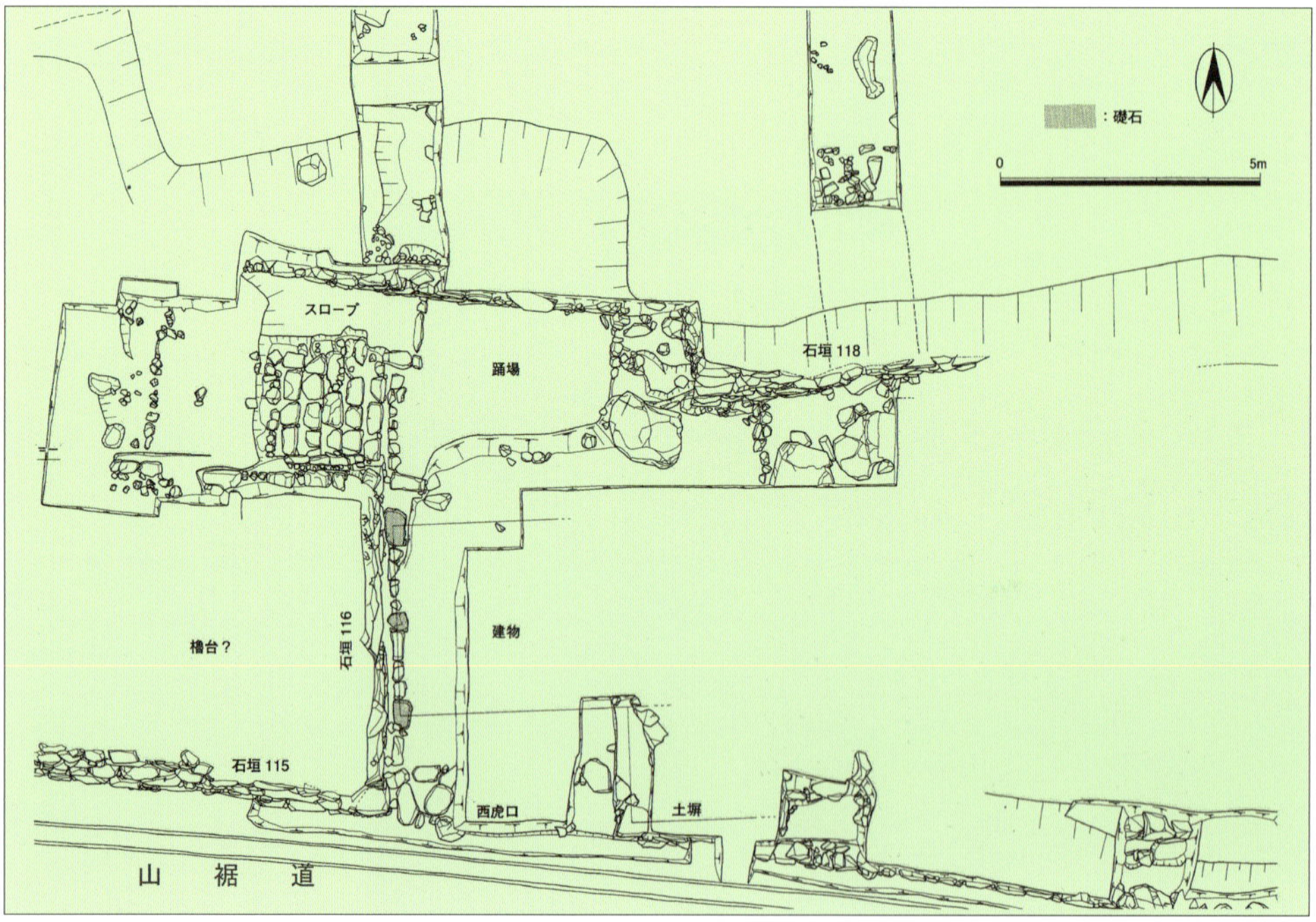

西虎口遺構図

大手～百々橋口

大手口から百々橋口までの山裾には石垣を積んだ郭が連なっており、その裾まで内堀が迫っていたと考えられていました。ところが、大手口西端の枡形虎口では、西壁に沿う石組み溝が石垣にしたがって西方へ折れ曲がって続いたことから、そうでないことが予想されました。そこで山裾を調査したところ、やはり石組み溝は百々橋口まで延びてゆくことがわかり、内堀は山裾まで迫っていないことがわかりました。溝底の標高は八六・〇六～八五・五メートルで、枡形虎口から西方へ低くなります。調査面積が小さいため、詳しいことはわかりませんが、一部では石組み溝の外側に石を敷いていたらしい形跡も認められたことから、山裾には現町道と重なるように、道がめぐっていた可能性があります。

山側に連なる郭の石垣では、枡形虎口西壁に見られた、等間隔で巨石を配する模様積み石垣が少なくとも二〇メートルほど続いていることがわかりました。その前面

大手口から百々橋口西虎口

大手口から百々橋口東虎口

に道があれば、外見を意識した石垣の模様積みがあることとよく整合します。

石組み溝は山側に接する石垣に沿って底石を並べ、そのうえに溝外側の縁石を載せているので、溝と前面に想定される道が一緒に築造されていることがわかります。山側の石垣には、何ヵ所か石垣の途切れているところが見られたので、そこを中心に発掘区域を広げたところ、少なくとも二ヵ所の虎口が見つかりました。そのうち一ヵ所は比較的残りが良く、虎口の内側には礎石が据えられていて、門を作り付けた長屋のような建物が推測されます。建物跡の内側で、左手の櫓台に上がる石段とスロープが造られていました。

山裾に道がめぐり、これに面する石垣にいくつも虎口が開いているのは、やはり城としては防御の手薄さを指摘しないわけにいきません。安土城の防衛線としては、山裾より外側の内堀に求める必要がありそうですが、それでも下街道から虎口が見渡せる状況は、城の構造について再考を迫るものです。

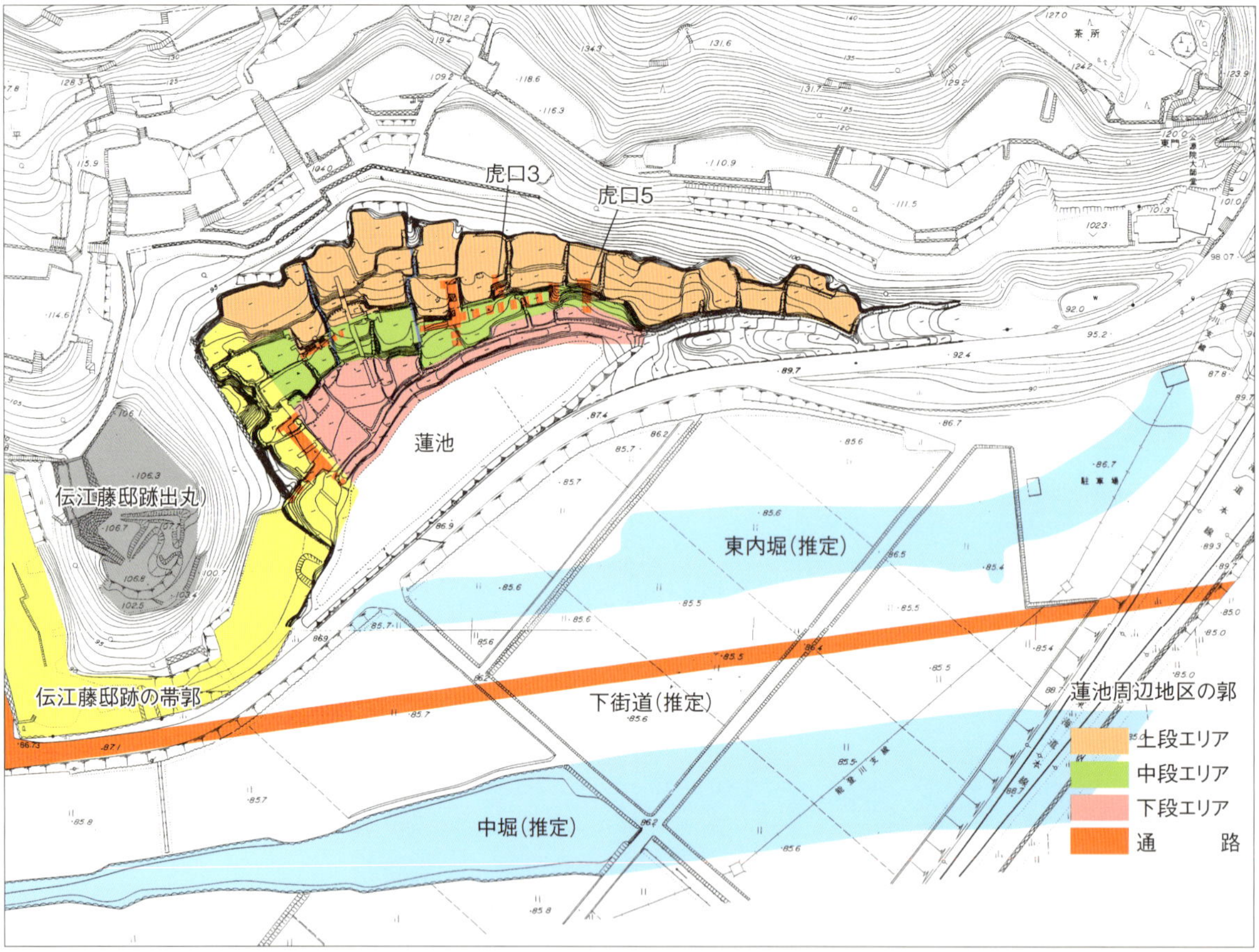

蓮池周辺地区

蓮池《はすいけ》周辺

大手口の東側に張り出す「伝江藤邸跡」と呼ばれる尾根の東側には蓮池があります。池は戦後に掘られたものですが、これに沿って谷口を埋めるように方形の小郭が雛壇《ひなだん》状に並んでいます。段の斜面には古い石垣が残されているところもあり、築城時に造成された郭群をベースにこのような雛壇が形成されたようです。しかし、後世の水田化によって改変された部分も多く、全体の構造は明確でありません。

雛壇は高度にしたがって大きく二段に分かれ、奥行きの深い西部では間にもう一段挟まって、都合三段に造成されています。主に石垣が残されていたのは、西部の中段前面と、東部の上段前面です。

西端付近では、伝江藤邸から東に傾く傾斜になっているため、石垣と道が複雑に入り組んでいます。しかし、中央から東方では郭が東西方向に並び、その南辺を区切る南面石垣には、郭ごとに虎口が設けられています。その前面には東西方

蓮池地区虎口3

蓮池地区虎口5

向の道があって、虎口につながっていたようですが、その痕跡はほとんど残っていませんでした。なかにはこの道から郭の間を通って山側へ登ってゆく道も確認できました。

虎口の形態は平入りか、一回折れ曲がって郭へ上がる構造です。平入りの中には、郭に上がる手前に穴蔵状の空間を設けるものや、一回折れ曲がったところに蔀石塁を設けて、上がり口を目隠ししている例もありました。しかし、多数の虎口が下街道《しもかいどう》方向に開口していることが防御上の弱点となっており、虎口や郭配置は山裾部分を堅く防御する構造になっていないことなど、大手～百々橋口の郭と虎口の場合と同様です。

現在は県道が分断していますが、大手口前に残る内堀は、伝江藤邸の尾根で分断されながらも、蓮池前まで延びていたことが地籍図等からわかります。下街道も内堀に沿って延び、やや南の方から北《きた》腰越《こしごえ》の峠へ登っていたようです。蓮池前の郭群はこの付近まで広がっていたことが、残された石垣から推察されますが、要衝となる峠道付近の様子は、県道とJR線によってわからなくなっています。

主郭部

　安土山の山頂部には周囲に高い石垣とその裾を通過する通路を巡らせた郭群が作られています。その部分を主郭部と呼んでいます。主郭部の周囲には伝堀邸跡・伝菅谷邸跡（八角平）・伝長谷川邸跡といった郭が配置されています。

　イエズス会宣教師ルイス＝フロイスが記した『日本史』には、安土山の頂上に信長が「宮殿と城を築いた」と書かれていますが、主郭部はまさにその「信長の城」にあたる部分と考えられます。

　天正十年（一五八二）に安土城は本能寺の変後の混乱のさなかに炎上・焼失したと記録されていますが、安土山の裾部や大手道周辺では炎上の痕跡が見られませんでした。しかし、主郭部の調査により各所で焼けた瓦等の遺物の出土が見られることや検出した礎石に火が及んだ痕跡が確認されたことから、安土城炎上の記録の正しさが裏付けられました。主郭部で出土した高熱を受け大きく変形した陶磁器や金属製品からは、すさまじい勢いで城内の建物が炎上したものと考えられます。ただし、炎上の痕跡はほぼ伝黒金門の内側の主郭部のみに限られて確認されたことから、実際に炎上し、建物が焼失したのは主郭部付近のみに限られるものと考えています。

主郭部空撮

主郭部平面図

主郭南面

主郭の南側には高い石垣が巡り、その下に比較的小規模な郭群と主郭外周路、およびそれらに通じる通路が構築されています。この付近を主郭南面と呼んでいます。大手道の直線部分の突き当たりから主郭の南面高石垣裾部の間は谷状の地形となっていて、この部分は「谷筋道」と呼ぶ南北方向の通路が途中まで通じています。「谷筋道」からは尾根の中腹に展開する郭群への通路がいくつか分岐しています。

主郭外周路調査状況

主郭外周路上の石組溝

主郭の南面高石垣の下方には周囲に石垣を積んで構築された帯状の郭群が取り付き、裾には主郭部の外周に沿う主郭外周路が東西に走ります。この通路には谷筋道から分岐してきたもの等の通路が接続しています。主郭外周路およびそこに接続してくる通路には大手道の横道部付近と同様に路面全体に踏石列を設置しており、一部には石組側溝が構築されている箇所もあります。主郭外周路やそこへ接続することを確認した通路の西側への行先については、調査対象地の外へ延びていくため明らかにすることはできませんでした。ただ、周辺における他地点の調査結果からは、伝黒金門下の尾根道、あるいは大手道の終点地点とされる百々橋口道との三叉路に通じていた可能性が高いと考えられます。

主郭西面〜北面

主郭西面は天主跡の西側に存在する郭群で構成されます。大きくは石垣、石塁で区画され、伝二ノ丸帯郭、伝長谷川邸跡、伝二ノ丸跡と重層的に郭が配置されています。西端には開口部として伝黒金門跡が存在します。

伝黒金門跡現況

伝黒金門跡　櫓台が先端に付く、L字状の石塁と伝二ノ丸南帯郭の南面石塁にほぼ直交して取り付く石塁で構成される虎口です。主郭部の西南隅に位置し、従来から主郭部の西端とされてきました。

伝長谷川邸跡調査状況

伝長谷川邸跡　伝黒金門の北側に位置し、伝二ノ丸跡と伝二ノ丸南帯郭の中間の高さに構築されている郭です。郭内は現在織田家歴代の墓所となっています。南端の伝二ノ丸南帯郭との境には高さ二・四メートル程の石垣が構築されていますが、内部からこの段差を越える設備は確認できません。平面は極端に短い上辺を北西に向けた不整形な台形となり、北端には伝二ノ丸跡北面石垣裾を通過し本丸北虎口へ向かう通路が接続しています。遺構の検出状況から、郭北西端に土塀が接続する櫓が存在し、郭内部には礎石建物が造営され、伝二ノ丸跡の石垣に沿った部分に通路があったと考えられます。

伝二ノ丸南帯郭　伝黒金門跡の内側は伝二ノ丸跡の石垣と主郭南面に構築された石塁で区画される、平面がいびつな凹字状の郭となります。ここは伝黒金門跡から伝二ノ丸跡への通路としての空間となっています。伝二ノ丸跡南西隅を境にして、東西二区画に区分できます。東半部は北端で伝二ノ丸跡南虎口を介して伝二ノ丸跡と接続します。内部には西に向かって開口する門跡の礎石、石段が検出されました。西半部は南西隅に伝黒金門、北端に伝長谷川邸跡が接続します。その内部は周囲の石垣を構築した後に整地し、門礎石や巨石を配しています。南端に構築された石塁には内側から貫通する暗渠があり、南面側の石垣に開口部があります。現在郭の内部にある石段、踊場は後世の改修によるものです。

伝二ノ丸跡　天主の西側に構築された郭です。周囲に高石垣を巡らせ、平面は南北方向に長い不整形な多角形に造成されています。北東部分に天主の裾を巡る通路状の平坦面が接続します。郭内には

伝二ノ丸南帯郭調査状況

礎石と想定できる石材も認められます。伝二ノ丸跡は現在では織田信長廟が造営され、宗教活動の空間として利用されているため、全面的な調査を実施できず、郭の内部の遺構配置等は不明です。

伝二ノ丸跡の南東隅には一段低い高さで伝二ノ丸東溜りと称する方形の空間があります。調査区内では大量の焼けた瓦が堆積する下から南北方向の七〇～八〇

伝二ノ丸東溜りの火災跡

センチ×六〇～七〇センチ程度の石材を用いる礎石列二列、二〇センチ×四〇センチ程度の石材を用いる礎石列を一列確認しました。礎石上には部分的に構築された状態のままで焼損し残った炭化した建材や壁材が検出されています。ここには当時の記録に書かれた「蛇石《じゃいし》」ではないのかと言われていた巨石が現在もありますが、調査の結果、表面の腐植土上に置かれていることが判明し、後世にこの場所へ運ばれてきたものであることが分かりました。

なお、伝黒金門と伝二ノ丸南帯郭の南辺に構築された石塁は昭和三十年からの修理工事により天端または天端近くまでの積み直し・積み足しが行われました。伝二ノ丸跡の石垣は築城当初のもので、表面には被熱による痕跡と思われる変色やひび割れが観察できます。

天主跡および伝二ノ丸跡北面から主郭北虎口までの部分は二段の帯状平坦面が造成され、上段は本丸取付台から伝二ノ丸跡に、下段は主郭北虎口から伝長谷川邸跡に接続しています。ここは従来主郭北面としてきました。下段で被熱により

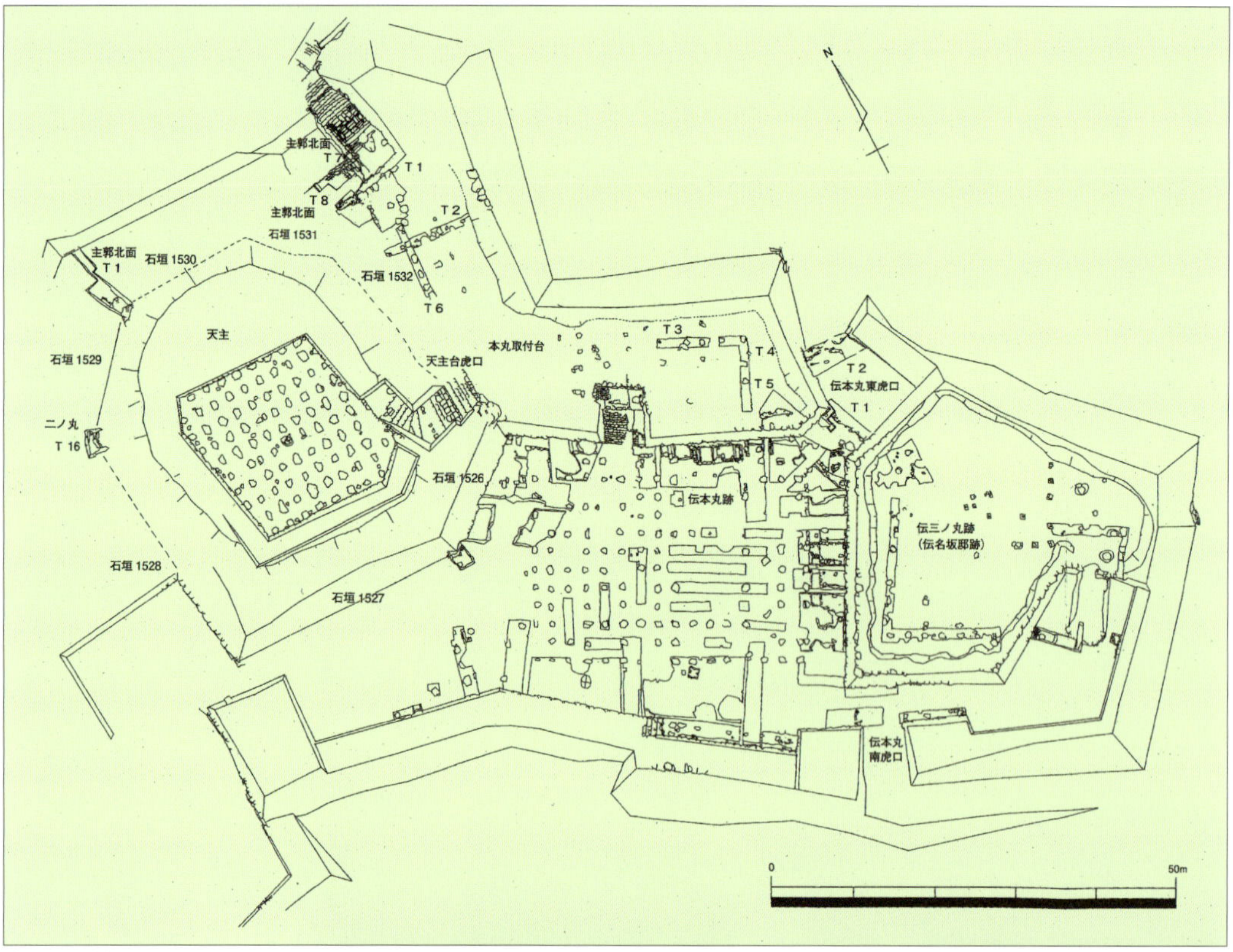

主郭中核部平面図

天主跡の礎石群

天主跡空撮

やや硬化・変色した幅約二〇メートルの平坦面を確認し、表面を覆う土から金箔《きんぱく》　鯱《しゃちほこ》　瓦片を含む瓦類が出土しました。ここでは石垣は岩盤上に積み上げられています。調査時には主郭外周路として調査を行ないましたが、確実に通路と位置づけられるだけの調査結果を得られてはいません。

主郭中核部

主郭中核部は天主跡を中心に、本丸取付台、伝本丸跡、伝三ノ丸跡の郭群で構成された部分です。天主跡および伝本丸跡は昭和一五・一六年度以来二度目の調査となります。

天主跡　主郭内で最も高い位置に存在します。石垣周囲の調査の結果から平面形は変形七角形となることを確認しました。穴蔵内部では築城時の床面・礎石および抜跡・土坑を検出しました。天主を支えたであろう百十一基の大型の礎石は二〇×二〇メートルの範囲に、柱間七尺（二・一メートル）で軸線がほぼ正方位となる碁盤目状に並んでいます。礎石の規模は七〇センチ×九〇～一〇〇センチ程度のものが多く、熱を受けて赤化・欠損した痕跡や、柱当たりの痕跡を残すものもあります。ほぼ中央には礎石がない部分があります

天主台虎口

天主台北側の石垣

伝本丸北虎口

本丸取付台の礎石

が、ここには礎石を抜いた跡はなく平面が一・四メートル×一・二メートルのいびつな方形で長靴形の断面をした深さ約一メートルの土坑だけがありました。その用途は発掘調査では解明できませんでした。礎石は小型のものも二二基検出しましたが、その配列は規則性がなく、天主が建っていた時には表面になかったものが多いようです。天主跡は虎口が一ヵ所のみ存在し、内部は二度屈曲して穴蔵へと至る石段となります。通路上には門の礎石一対・笏谷石《しゃくだに》の板石による敷石が確認できます。

本丸取付台　天主跡の東側に伝三ノ丸跡と向い合って位置する郭です。いびつな台形が接続したL字形の平面となります。上面は天主跡より一段低くほぼ平坦で、内部は北半部にある伝本丸北虎口で主郭北虎口、天主跡北面の平坦面を通じて伝二ノ丸跡、東半部の石段で伝本丸跡と接続しています。郭内に伝本丸跡の建物と同規模の礎石が散在するため、何らかの建物の存在が考えられます。北半部の伝本丸北虎口の内部通路は花《か》崗岩《こうがん》切石を多用した石段・石畳・石組水路・礎石

埋め込まれた石製容器

伝本丸跡の礎石群

中心建物北側の石升

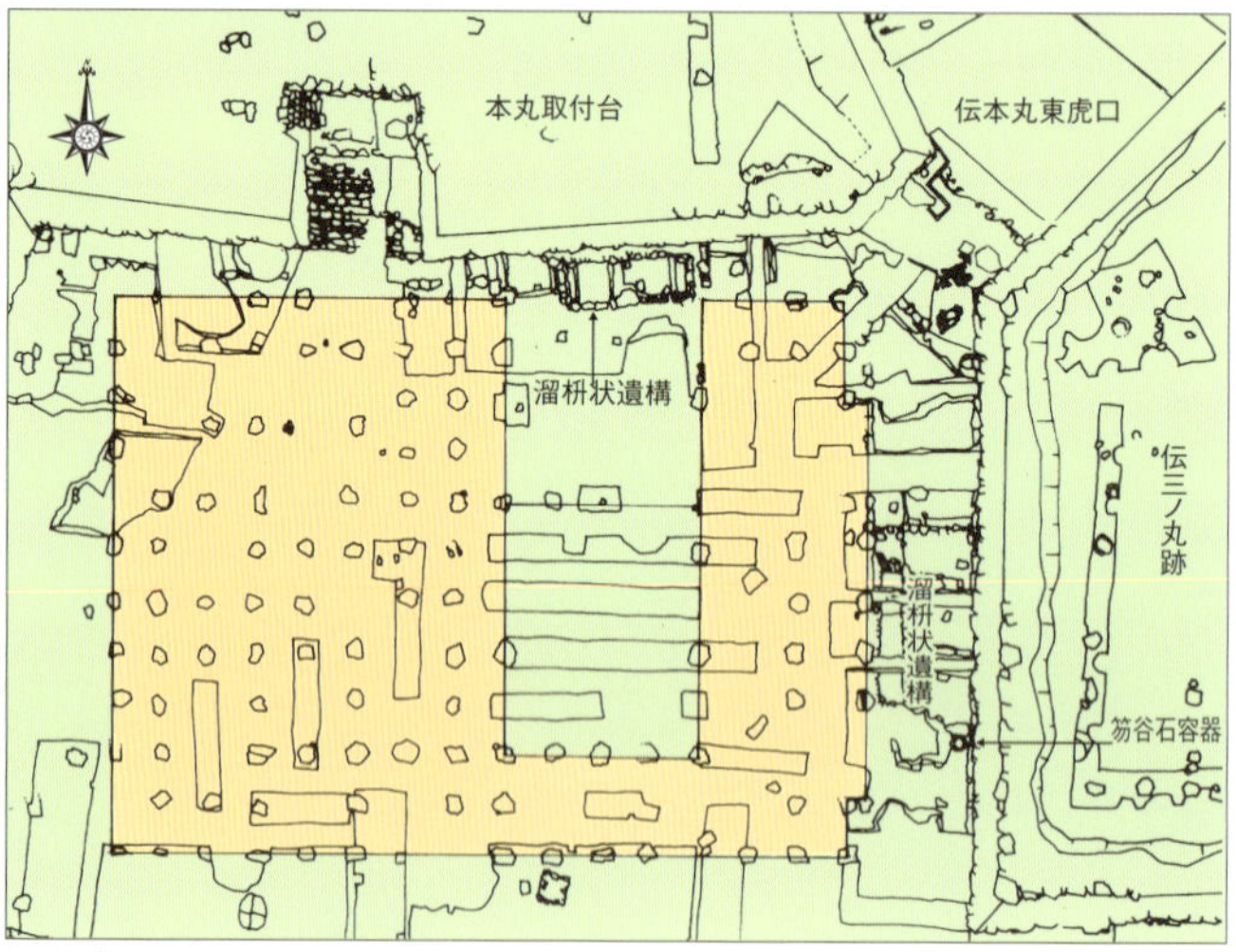

伝本丸跡中心建物平面図

中心建物西側全景

が設けられ、築城当初は西方に逆L字状に折れ曲がっていたものと判断しています。東半部南東面にある石段でも内部のテラスで礎石状の石を検出しました。

伝本丸跡　中核部で最も低い場所にある空間です。本丸取付台との間は石段で結ばれていますが、伝三ノ丸跡とは直接連絡する通路はありません。天主のある北側を除く四隅には外部に通じる虎口が開口しています。郭内部は礎石等を配した後に土を数十センチ入れて造成されていました。なお、造成土の下に竈《かまど》跡等の遺構があることを確認しました。ほぼ中央には敷地の大部分を占める礎石建物があります。この建物は部分的に葛石を施し壇状になる部分を持つ東西三五メートル、南北二四メートルの区画された範囲内に礎石を配置していました。区画内には礎石の配置から空間と考えられる部分があり、この建物は北に開口部を持つ「コ」字形の平面配置を持っていたと思われます。この建物の内部を推定復元すると、豊臣秀吉が建立した内裏《だいり》清涼殿《せいりょうでん》と非常に良く似たものになるため、信長が天皇行幸を意図

伝三ノ丸南郭の礎石

伝三ノ丸跡の礎石

して建造したものである可能性があります。『信長公記』に記された「御幸《みゆき》の御《おん》間《ま》」があった建物であるとも考えられます。建物の北側および東側には、石枡や石製容器といった付随の施設と考えられる遺構が多数が配されています。中心にある建物の西側にも、異なる方位で礎石が配置されており、何らかの建物があると考えられます。この他に周囲の石垣の直下でも礎石と思われる石材、抜取痕らしい遺構を検出しています。また、南側の石塁上にも細長い建物が建てられていたと想定されます。なお、中心の礎石建物と南面の石塁裾にある遺構の間には、中心建物を区画すると思われる溝状遺構以外に遺構は全くありません。

伝三ノ丸跡（伝名坂邸跡）　主郭部の南東端に位置する平面がいびつな五角形となる郭です。北東および南東側は高さ一〇メートル以上の高石垣、伝本丸跡とは高さ約五メートルの石垣によって隔てられています。北側の石垣には、伝本丸東虎口に沿う石塁が取り付いています。郭内の平坦部では明確な礎石列二列、伝本丸跡や天主跡と同規模の礎石一五基、石列状遺構一基を検出しました。これらの分布から、郭内に柱間や方位の違う建物が五棟程ある可能性が高くなりましたが、郭内は木の根による撹乱で残存状態が極めて悪く、築城当時の状況を留めていないため具体的な建物の姿は明らかではありません。また、郭の西隅には伝本丸東虎口と関連する施設があるとも考えられていましたが、調査では存在を確認できませんでした。伝三ノ丸跡の南東には平面がいびつな四角形となる一段低い溜状の郭があります。南西隅に伝本丸南虎口に通じる通路が延びています。現況では伝三ノ丸跡内へ続くスロープが存在していますが、主郭炎上後造られたことが調査により判明しました。郭内では礎石を検出していることから、内部に建物が存在したことが判明しました。

なお、伝本丸取付台・伝三ノ丸跡・伝本丸南石塁内側・伝本丸跡南面・伝本丸南虎口周辺の石垣は、昭和三五～五十年度に修理で、天端または天端近くまでの積み直し・積み足しが行われています。

伝台所跡の埋門

伝台所跡北虎口全景

伝台所跡の台状遺構

伝台所跡のカマド跡

伝台所跡全景

伝台所跡の石組遺構

主郭北面～東面

主郭中核部の北東側にも郭群があり、外側を主郭外周路が通過します。最北に石塁で主郭北虎口が構成され、そこから東へ伝台所跡北虎口、伝台所跡、伝米蔵《こめぐら》跡《あと》、伝煙硝蔵跡《えんしょうぐらあと》の順に配置されています。主郭北虎口と伝台所跡の間には石塁で方形に囲む伝台所跡北虎口と呼ぶ郭があります。内部で炎上の痕跡を残す漆喰《しっくい》タタキ面、埋門跡《うずみもんあと》、礎石を検出しました。

なお、この付近の石垣は積み直され、平面は当初のままですが、高さは築城当初と同じなのか不明です。

伝台所跡　伝本丸取付台北西の主郭外周路より一段高い位置にあります。平面は不整形五角形の南東隅に細長い部分が付く形をしています。北側の伝台所跡北虎口とは石塁で区画されています。郭内は崩れた石、土が堆積しており、その下のほぼ全面漆喰タタキの床面には建物礎石、竈《かまど》跡等の炊事関連施設、栗石列が造り付けられていました。郭の全容は明らかにはできませんでしたが、確認された

伝米蔵跡の内部

伝米蔵跡の虎口付近

遺構、土器類からは文字通り炊事を行った台所であると考えられます。

伝米蔵跡　伝煙硝蔵跡の北西に接し、伝台所跡と通路を挟んだ向かい側にある郭です。伝煙硝蔵跡と伝米蔵跡との間には石塁が築かれています。石塁の表面はかなり変色・剥離《はくり》していることから伝米蔵跡はかなりの勢いで炎上したと思われます。門の礎石がある虎口は郭北西辺のほぼ中央部にあり、主郭外周路から分岐して伝本丸跡へ通じる通路に面しています。門の前に二列の石列があります。郭の内部は伝三ノ丸跡の石垣とほぼ平行する石垣により二段に分けられています。ここには瓦・炭化物・焼土を多量に含む土が堆積していました。金箔鯱瓦片もここから出土しました。内部に堆積した土の下から建物に伴うものと考えられる礎石が検出されました。礎石は据え付ける際の堀方がなく、床面造成と同時に据え付けられたと考えられます。建物は上段や周囲の石塁上にも拡がる可能性がありますが、部分的な調査のためその詳細については明らかではありません。

伝煙硝蔵跡　伝三ノ丸跡北東端に位置する平面がほぼ方形の郭です。主郭外周路に面した部分に両側を石塁で囲む虎口が開口しています。米蔵跡と同様、二段に分けられた内部からは建物礎石と集積瓦を検出しました。礎石には据え付けのための堀方がありません。建物の規模・構造は今回の調査では明確にできませんでしたが、礎石列は郭の形状に合ったものなので、郭ほぼ全面に建物が建っていたと思われます。なお、内部の床面には特別な仕上げはありません。郭内の上段

伝煙硝蔵跡の内部

伝煙硝蔵跡の虎口付近

伝煙硝蔵跡に残された瓦集積

には炎上以前から積まれていた五列分の瓦集積を検出しました。この瓦列は平瓦・丸瓦・敷平瓦で構成され、基本的には、種類・規格毎に十枚ずつ積み重ねられていたと考えられます。集積されていた瓦は不良品の可能性が高く、葺き土の痕跡も認められないことから使用されたものではないと考えられ、建物に使用するために搬入したものの、建物に葺かれることなく補修用等としてここに集積・保管されていたのではないかと想定されます。

主郭外周路と小郭　これらの郭群の周囲を巡る主郭外周路のうち、米蔵跡の北側には外側の一段低い部分に路面と約二㍍の比高差がある小郭がありました。この部分には路面上に門跡の礎石と小郭に降りる石段を確認しました。この付近では主郭外周路の幅員が三㍍程度であったと考えられます。

伝堀邸跡　主郭中核部・東面の郭群から南東に向かって張り出す尾根上には伝三ノ丸跡に面して、主郭外周路を挟んで位置しています。伝三ノ丸跡に面する北西面については全体に石塁で区画し、北

主郭外周路下の小郭石段

主郭外周路上の門跡

伝堀邸跡南郭虎口の石段

伝堀邸跡東面

東、南西面、南東面の一部に石垣を構築しています。比較的大規模な郭ですが、実態は自然地形を利用して岩盤を削り出した土塁状地形を挟んで、内部を南北に一ヵ所ずつの郭に分けています。不整形な多角形の平面を持つ南側の郭には南西隅部にほぼ方形の区画があります。内部で門礎石・建物礎石・石段等を検出しました。虎口部分を調査した北側の郭では門に伴う礎石等を検出しました。なお、南側の郭で炎上の痕跡が確認できるのに対し、北側の郭では南側で見られる被熱痕は認められず、炎上しなかった可能性が高いと考えられます。

伝三ノ丸跡と伝堀邸跡との間を通る部分の主郭外周路は、断面の観察から伝三ノ丸跡から続く尾根を切断したものであると判断しました。この付近は約三《メートル》の幅で路面が造られていますが、伝堀邸の土塁状遺構がある部分は二《メートル》に狭められていました。

搦手道

『近江蒲生郡安土古城図』（個人蔵）搦手道周辺

搦手道は天主東側の伝台所郭下にある谷筋を通っている登城路です。「安土古城図」では、下街道の腰越峠から伊庭内《いばない》湖《こ》沿いに道があり、北端で西に屈曲する道が描かれています。ただし、「安土古城図」では「搦手道」ではなく「臺所《だいどころ》道《みち》」とあり、「蔵屋敷」の表記や井戸を表す「井」の記載がみられます。先の城南面の道を「大手道」としたため大手に対応する「搦手道」ということで作られた名称で、信長時代にどのような名称で呼ばれていたかは判っておりません。

搦手道は湖辺部・山裾部・山腹部のエリアに分けて調査をしましたが、湖辺部では、築城期に掘削されたと想定している水路が、山裾部では中央に排水路をもつ緩やかなスロープの道が、山腹部ではつづら折れで登る石段道が見つかりました。

湖辺部は、腰越《こしごえ》からの道を想定して調査をしましたが、後世の攪乱で明確な道は見つかりませんでした。郭の石垣沿いから三メートル離れて石垣に沿うような形で掘削された幅約三・五メートル、深さ一メートル以上の

水路が見つかり、この石垣と水路の間に搦手道が通っていたと推定しました。水路はその幅や深さから排水路ではなく、

湖辺部の水路

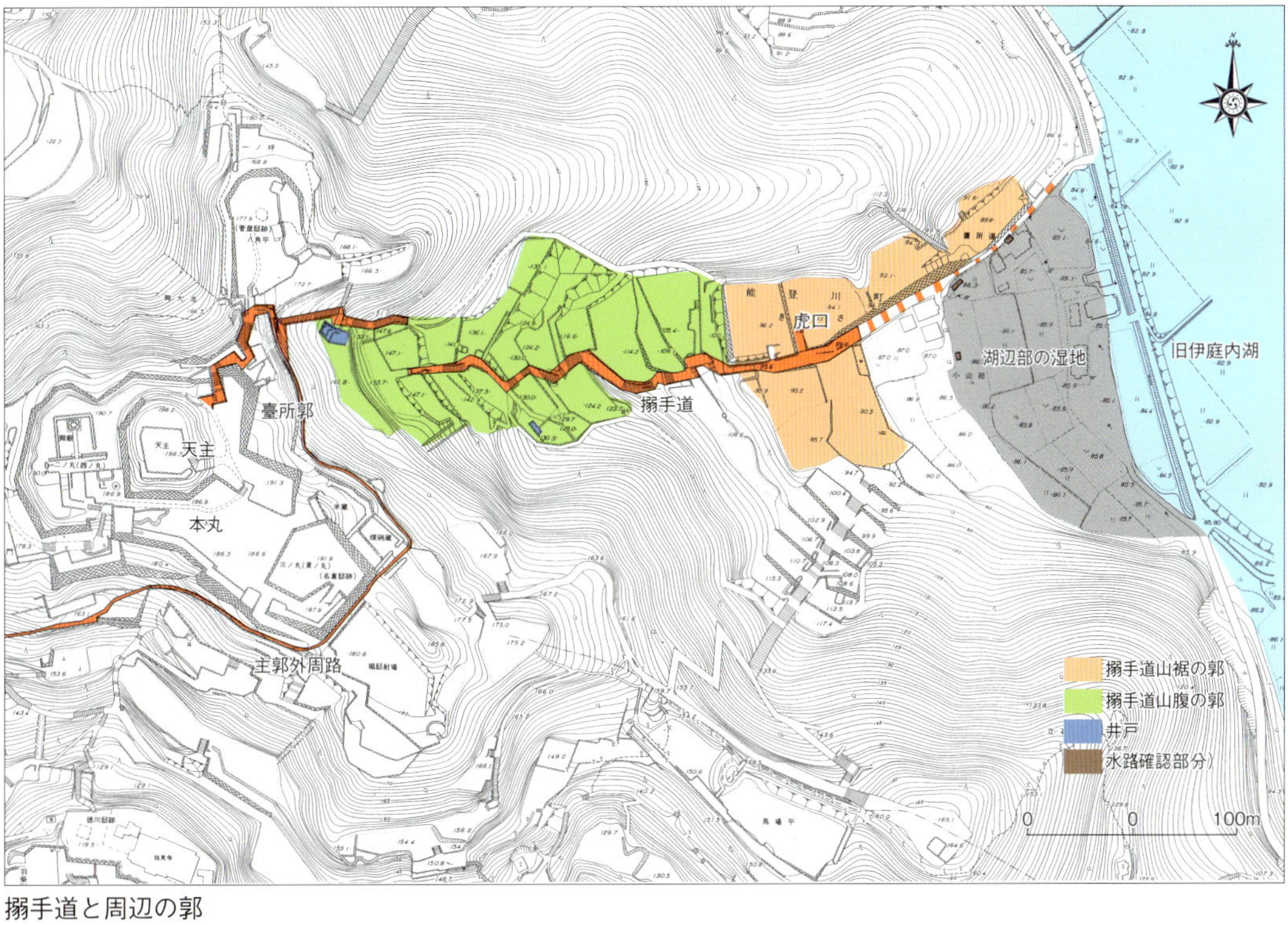

搦手道と周辺の郭

物資等を運ぶ船を通すために造られたものとしましたが、水位が八六・〇メートルと大手内堀の水位より高いことが疑問点としてあげられます。廃城後に掘削された水路の可能性もあります。山裾部は一辺三〇メートルほどの方形の区画が道に沿って並びます。「蔵屋敷」と『安土古城図』に記載がある部分です。郭の虎口も荷車等を使って物資を運び入れるのに適したスロープとなっていますが、郭内には蔵の基礎としては考えにくい礎石列や出土遺物に白磁壺《はくじつぼ》や灯明皿《とうみょうざら》・茶の湯に使う瀬《せ》戸《と》美濃《みの》焼《やき》茶入《ちゃい》れや信楽《しがらき》焼《やき》擂鉢《すりばち》等、日常生活品があることから「蔵屋敷」ではなかったとみられます。

山腹部には、多くの郭が造られていますが、そのもっとも高い場所に井戸をもつ郭があります。搦手道はこの井戸郭で行き止まりとなり、郭内部を通らないと台所郭まで行き着かないことが判りました。

井戸については、台所直下と中腹に二ヵ所ありますが、いずれも長方形の石垣に囲まれる構造で、覆い屋のようなも

蔵屋敷礎石列

蔵屋敷へのスロープ

搦手道石段道

搦手道スロープと排水路

台所郭への分岐点

井戸郭

搦手道でみつかった木簡

金箔瓦出土状況

のが懸かっていたのではないかと報告されています。水は湧き水ではなく、雨水をためておくものではないかということですが、井戸本体を発掘調査しておりませんので詳細は不明です。

搦手道湖辺部では、水路跡から木製品や植物の種など水漬けの状態であったため腐らずに残っていたものが多く出土しました。中でも表に「二斗五升　市郎兵へ　又三郎」「卯月十日　本郷」と書かれた荷札木簡《もっかん》が見つかりました。他にも丸箸や漆器《しっき》椀《わん》の破片、柿・桃・瓜《うり》の種などが見つかっています。ただし、これらの遺物は漂着してきたものという考えもあり、必ずしも安土城に伴うものとは限らないといえます。

木製品の他には、未使用の金箔瓦が出土しています。瓦の凹面に屋根に固定する粘土が付いていないことから未使用であったことが分かり、金箔も風化していません。運搬途中で、破損したため捨てられたものと考えられます。

安土城に関する文献資料と絵図

近江国蒲生郡安土古城図

安土城は存続期間が短いこともあって、関係する文献や絵図がほとんど残っていません。信長の家臣太田牛一が記した信長の伝記である『信長公記』と、当時来日していたポルトガル人宣教師たちの記録にまとまった記述がある他は、同時代を生きた公家たちの日記にわずかな記事が見られる程度です。この他に、現在所在不明ですが、信長がローマ法王に贈った屏風があります。この屏風には、安土城と城下町の様子が描かれており、見つかれば、これまで様子が分からなかった安土城の外観を知ることができるのではと期待されています。

近江国《おうみのくに》蒲生《がもう》郡《ぐん》安土《あづち》古《こ》城《じょう》図《ず》

江戸後期写　個人蔵

安土城を描いた最も古い絵図です。貞《じょう》享《きょう》四年（一六八七）に作成されました。信長の死後約一〇〇年という作成時期や「御廟《ごびょう》」が朱書きされていることから信長百回忌に関わるものと考えられます。城内の石垣や郭、通路などが描かれ、郭には武将名が記されています。遺構につ

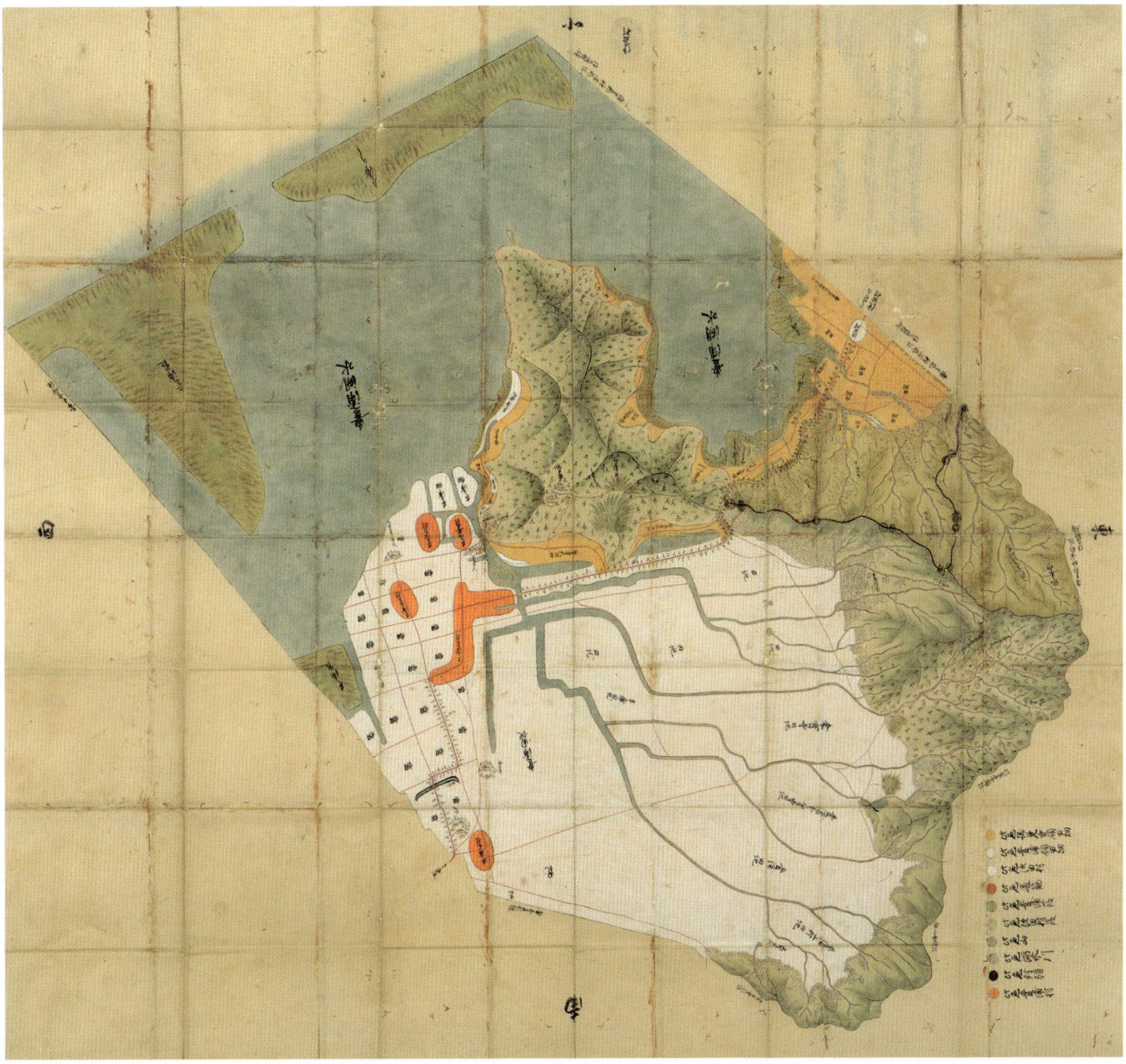
江州蒲生郡豊浦村与須田村山論立会絵図

いては実態と合致する部分が多く見られますが、武将名を裏付ける根拠はありません。

　この絵図は写ですが、他に国立国会図書館、三井文庫、安土摠見寺、丹波市立柏原《かいばら》歴史民俗資料館にも同様のものが所蔵されています。

江州《ごうしゅう》蒲生《がもう》郡《ぐん》豊浦《とようら》村《むら》与《と》須田《すだ》村《むら》山論《さんろん》立会《たちあい》絵図《えず》

元禄八年（一六九五）　個人蔵

　近江国蒲生郡下豊浦村（現滋賀県蒲生郡安土町下豊浦）と同郡須田村（現滋賀県東近江市南須田町）との、繖山《きぬがさやま》西麓に位置する五十余州神社《ごじゅうよしゅうじんじゃ》境内地の立木伐採をめぐる相論《そうろん》の裁許《さいきょ》絵図です。

　この絵図には相論の舞台となった繖山西麓から安土山、下豊浦村全体が描かれており、近世中期の安土周辺の景観をうかがうことのできる資料です。中でも、下豊浦村南端に描かれた「惣構《そうがまえ》どて」の記述は、安土城下町の惣構を指すものとも考えられ、城下町の構造を考える上で重要な示唆を与えてくれます。

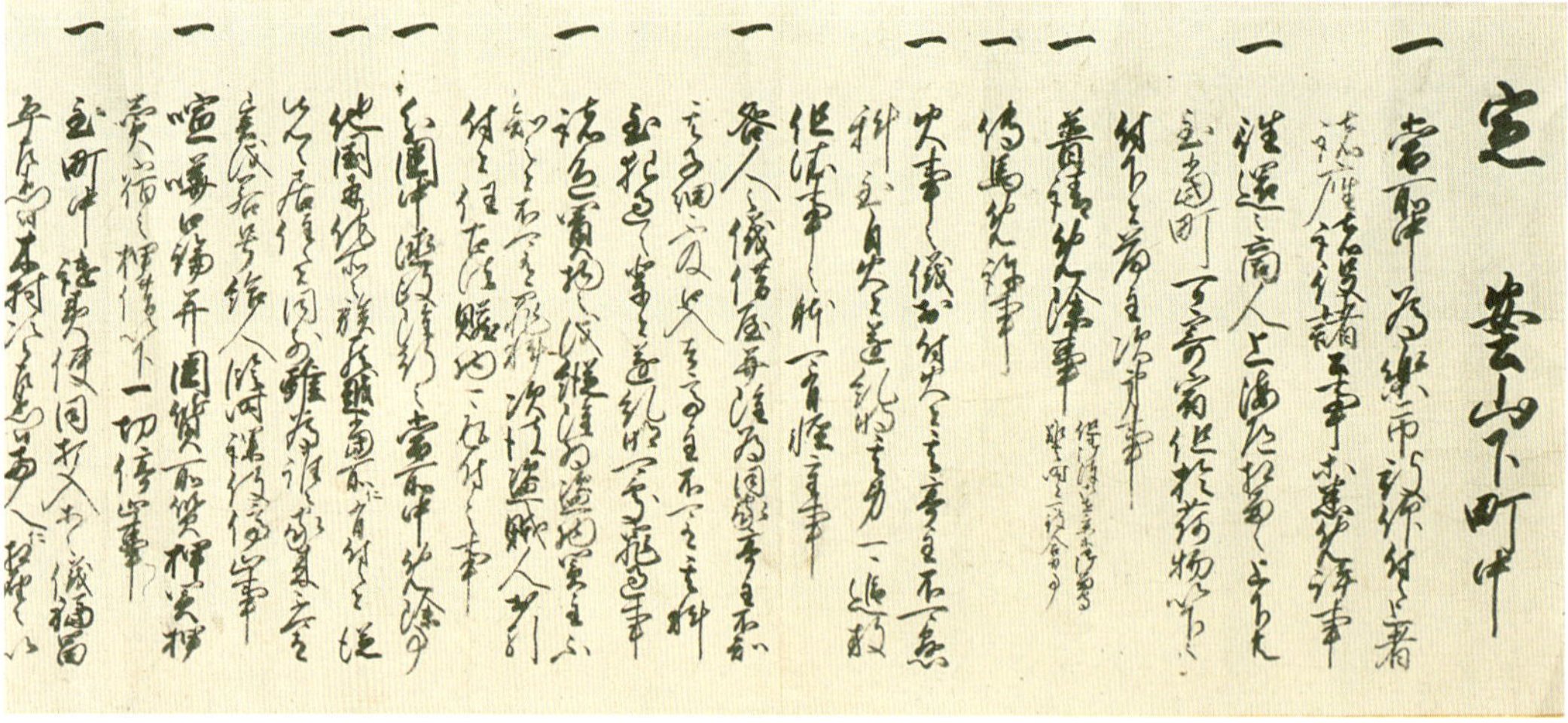

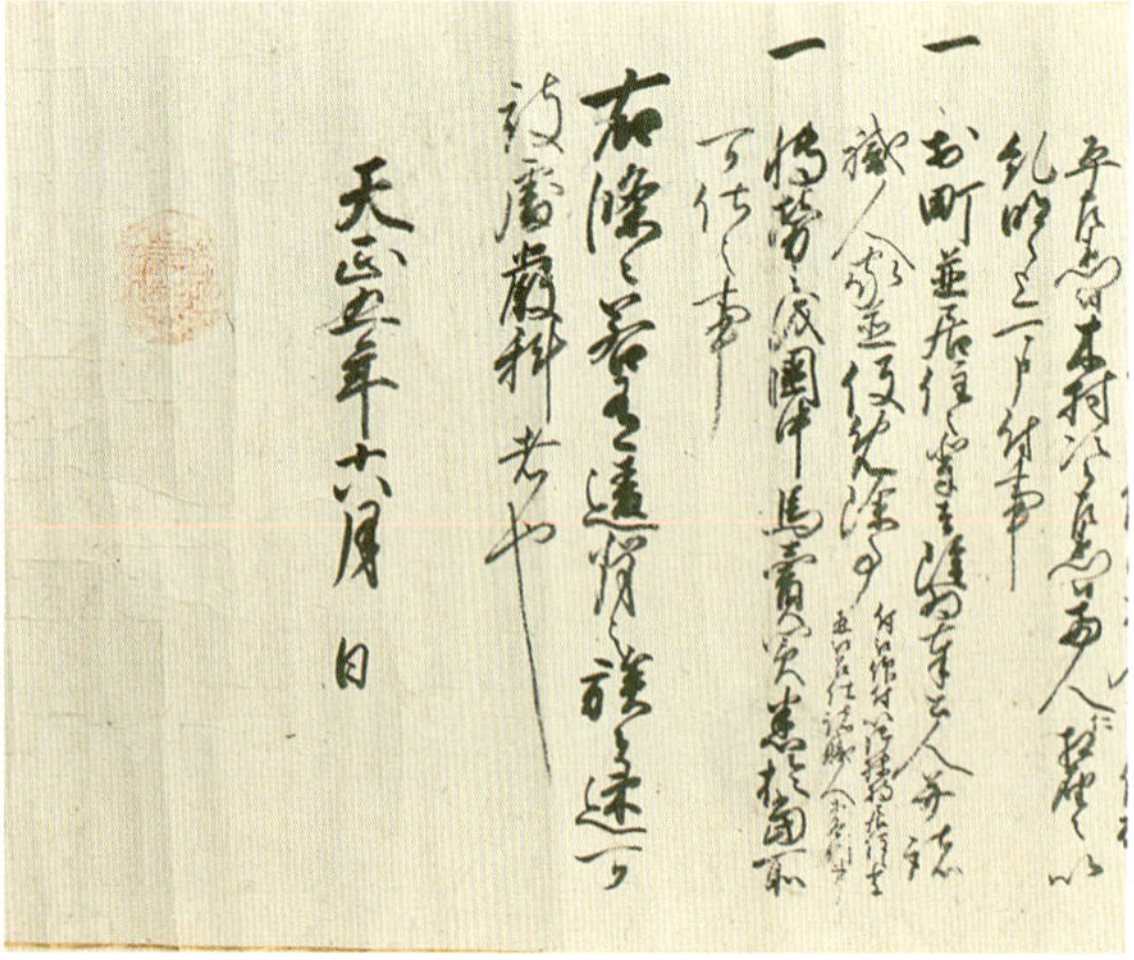

▲◀ 安土山下町中掟書

重要文化財　安土山下町中掟書《あづちさんげちょうちゅうおきてがき》

天正五年（一五七七）　近江八幡市蔵

信長が安土の城下町に宛てて出した掟書。楽市楽座を宣言し、様々な負担を免除するとともに、治安維持と商人の債権保護をうたって城下への集住を促しました。安土城下町の様子をうかがうことのできる基本資料の一つです。

安土記《あづちき》

滋賀県立安土城考古博物館蔵

『安土記』は太田牛一が記した信長の伝記『信長公記』の写本の一つです。『信長公記』は牛一が日記のついでに書き記したものを後年まとめたもので、信長の伝記の中で、史料的にもっともすぐれたものとされています。安土城に関しては「安土山御天主之次第」と題して、安土城内の装飾や部屋割りの様子を各階ごとに記しています。安土城の内部を具体的に知ることのできる唯一の記述です。

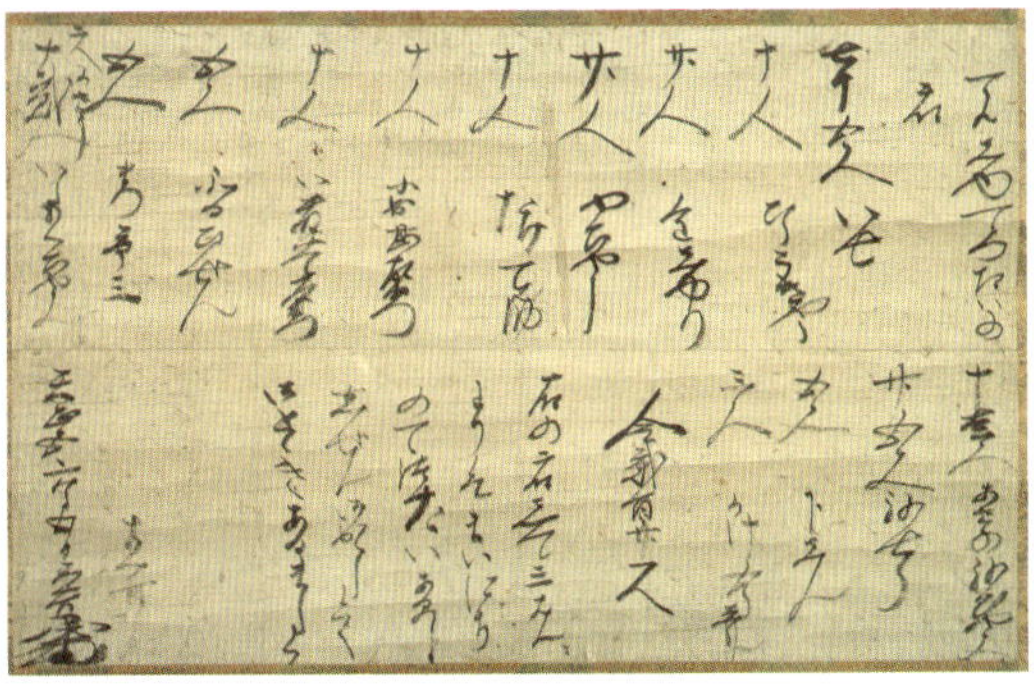

羽柴秀吉書状

安土記（表紙）

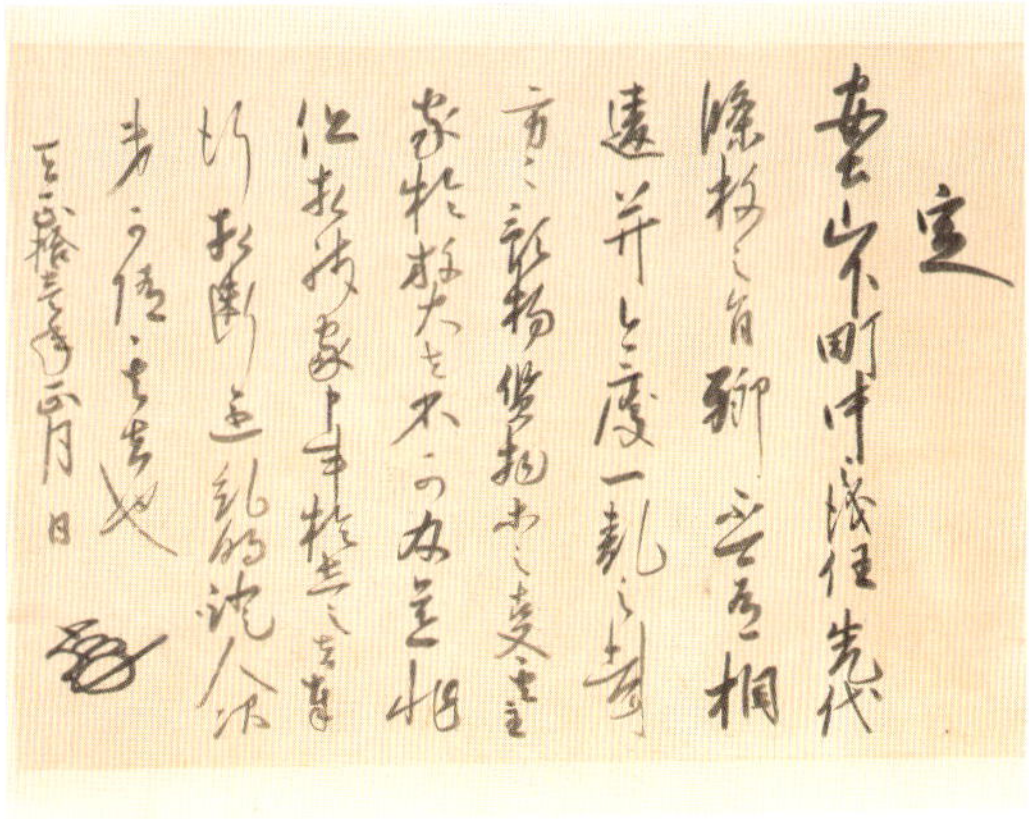

織田信雄定書

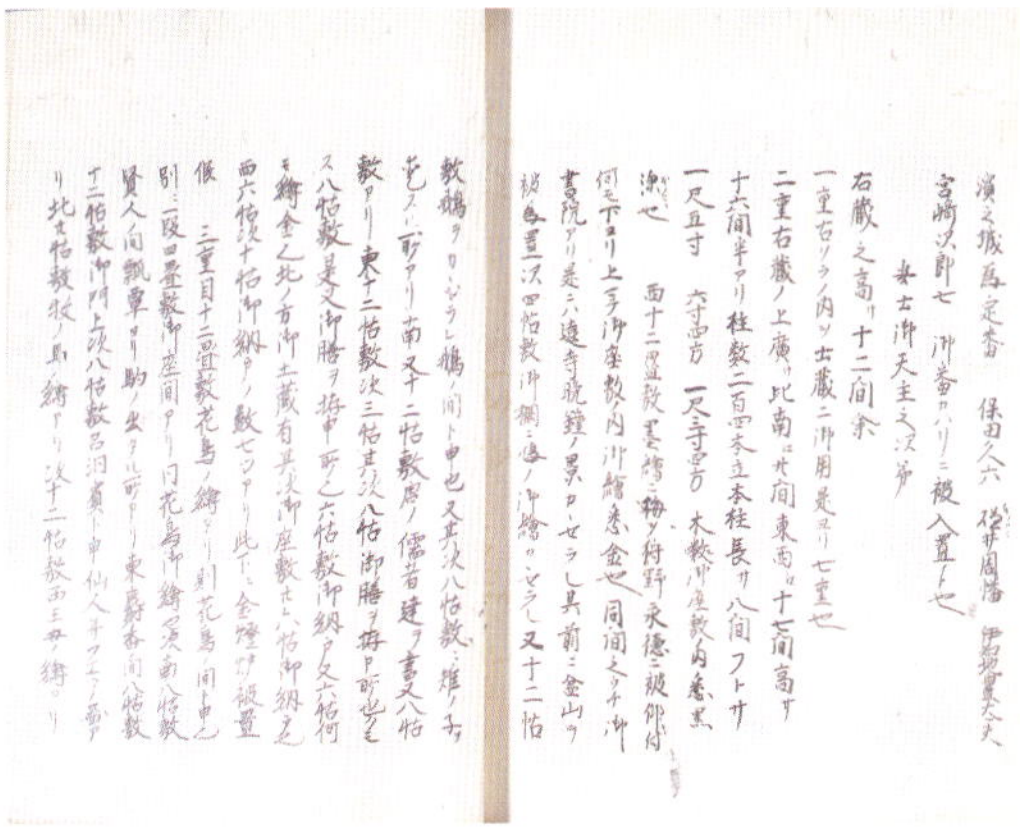

安土記（「安土御天主之次第」）

羽柴《はしば》秀吉《ひでよし》書状《しょじょう》

天正五年（一五七七）　個人蔵

安土城の天主普請の手伝いとして、家臣たちに人夫を割り当てたものです。一四人の家臣に対し、二二一人の人夫を割り当てています。これを三班に分け、毎日手伝いに従事する様命じています。安土城の築城過程を示す資料は極めて少なく、このように具体的に築城方法が分かるものは大変貴重なものといえます。

織田《おだ》信雄《のぶかつ》定書《さだめがき》

天正一一年（一五八三）　近江八幡市蔵

信長の出した掟書のとおり、相違無い旨を述べた定書です。本能寺の変後の混乱を静め、安土がこれまでと変わりない場所であることを述べています。織田信雄は、清洲会議で信長の後継とされた三法師の後見を務めることになりますが、この定書はそうした立場から出されたものと考えられます。本能寺の変以後も安土が存続しており、信長の後継者によって守られていることを示す資料です。

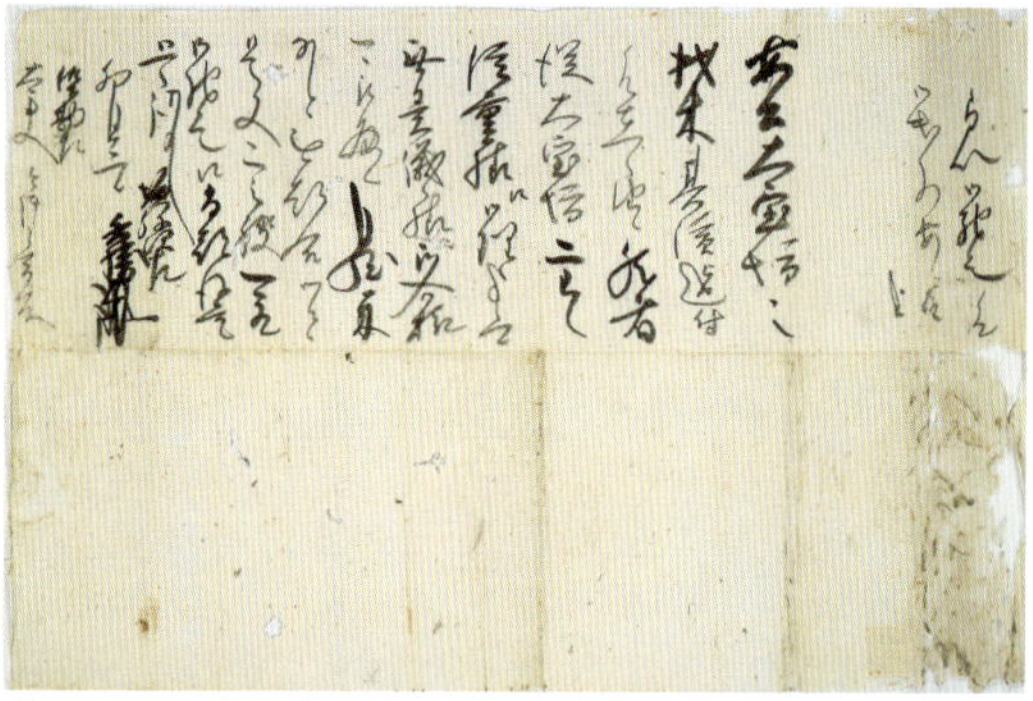
①堀田秀勝書状（山本家文書）

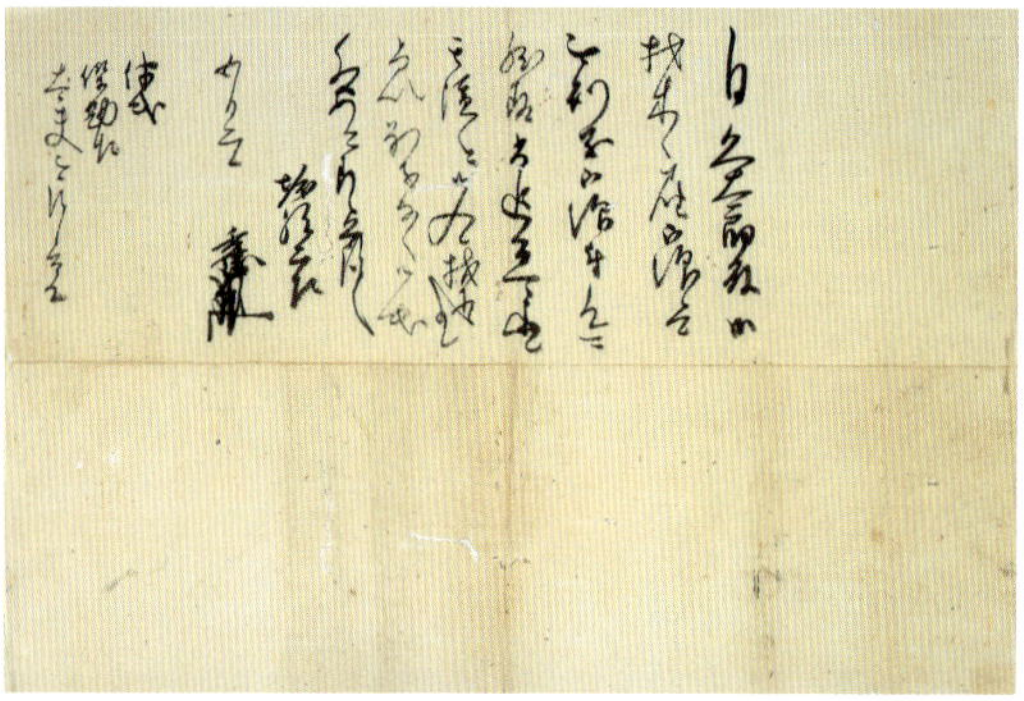
②堀田秀勝書状（山本家文書）

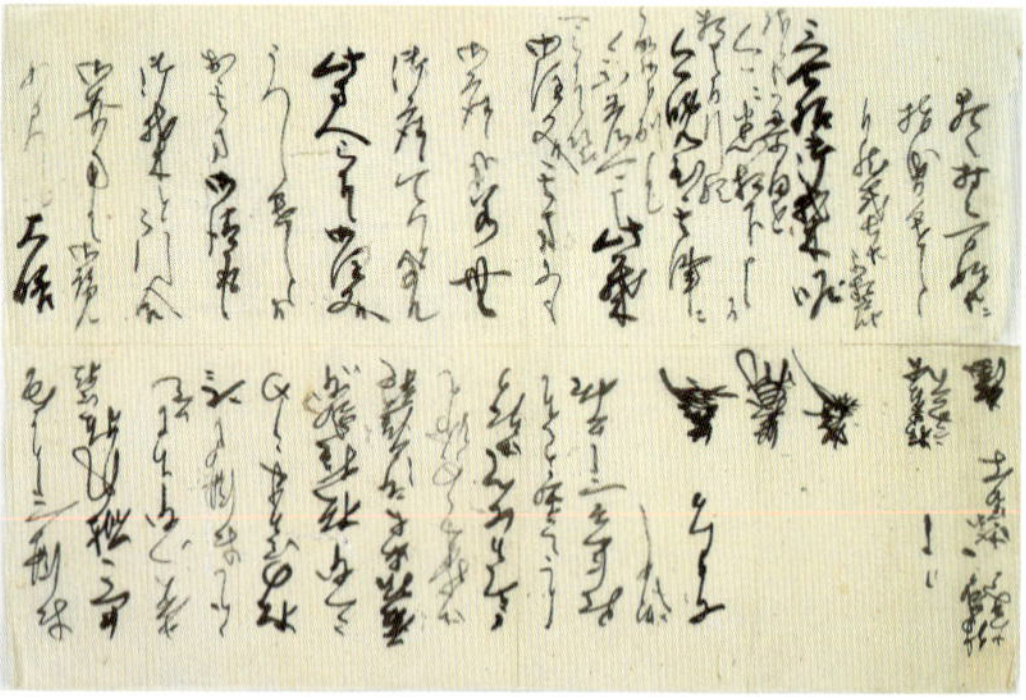
③朽木成綱・宮川賢頼・飯田賢信連署状（山本家文書）

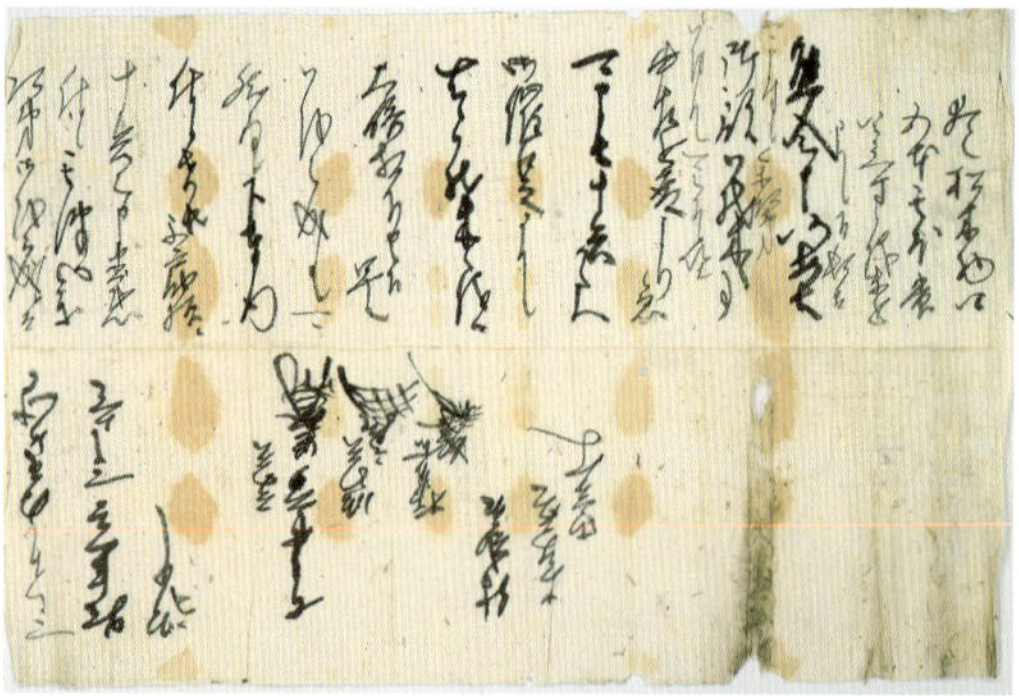
④朽木成綱・飯田高信・宮川賢頼連署状（山本家文書）

山本家文書

天正年間　個人蔵

近江国高島郡南船木村（現滋賀県高島市安曇川町南船木）の旧材木座商人の家に伝来した文書群です。南船木には、湖西の山から切り出された材木が安曇川河口で一旦集積されることから、材木の販売を独占する材木座が中世から存在していました。文書群の中に、湖西の山から切り出した材木を、材木座商人を使って安土へと運ばせていることを記した書状類が残されていました。安土の町を建設するにあたり、その材料がどこからどのようにして運ばれてきたかを示す大変貴重な資料です。

①②は信長時代のもので、③④は本能寺の変以後のものです。本能寺の変以後も安土が荒廃することなく、再生にむけて動いていたことが分かります。

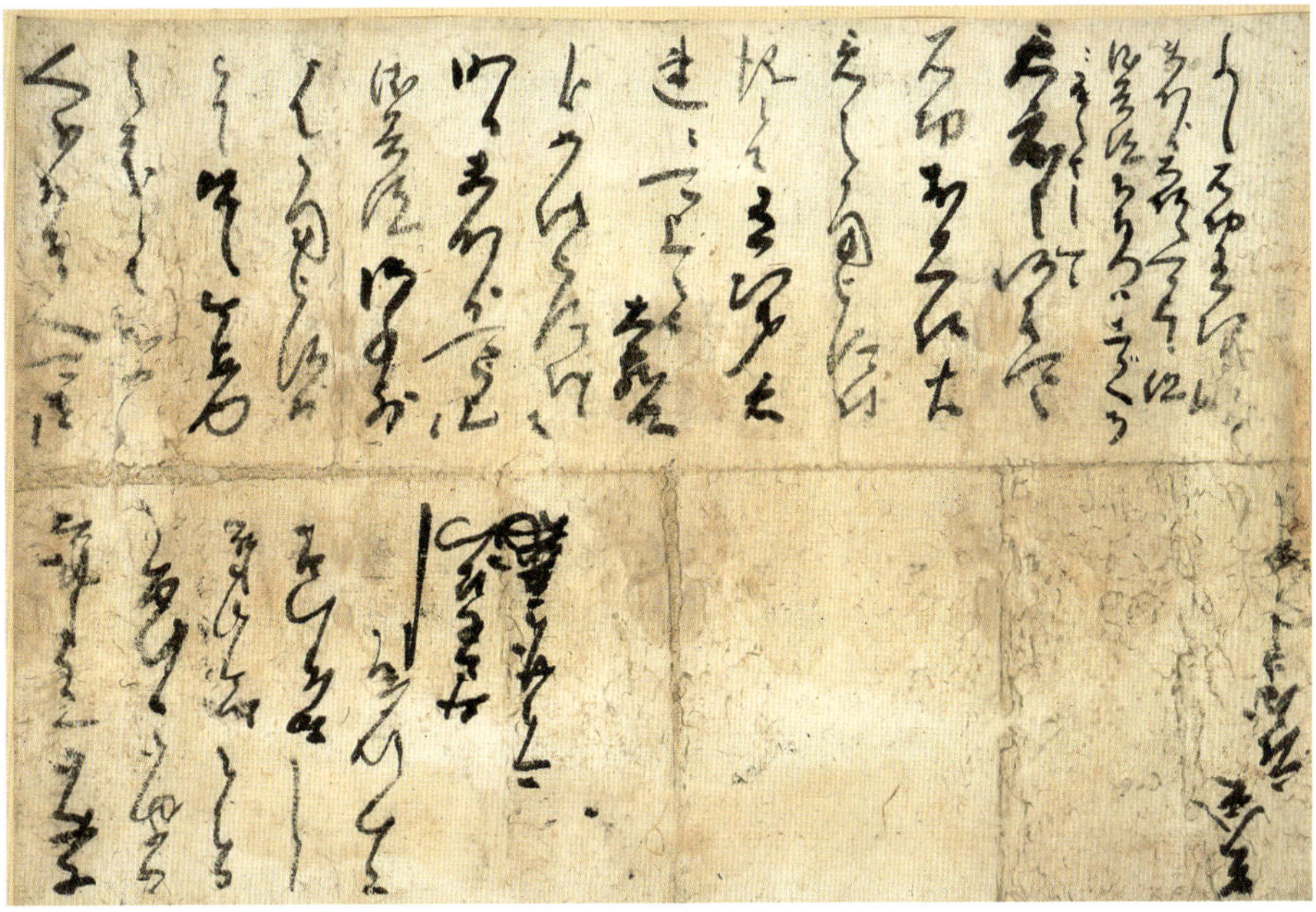

①井上長左衛門書状

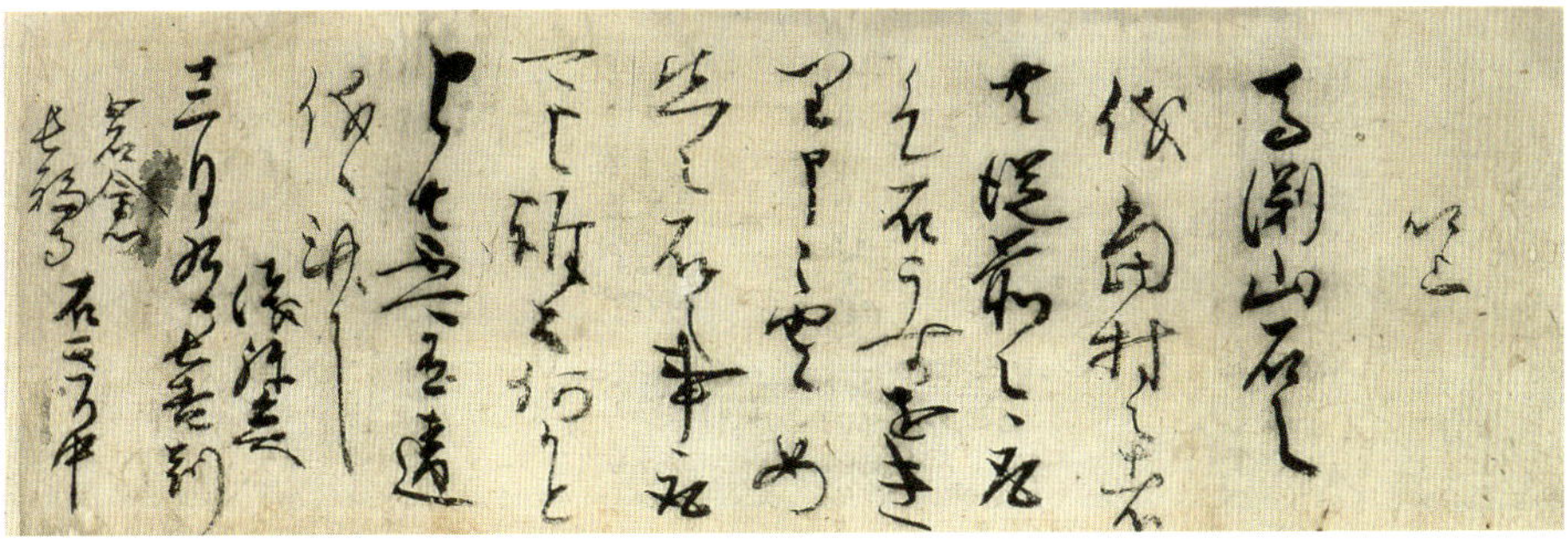

②浅野長吉書状案

近江八幡市指定文化財　石工文書

天正年間　妙感寺蔵

近江国蒲生郡岩倉村・馬淵村（いずれも現滋賀県近江八幡市馬淵町）・長福寺村（現滋賀県近江八幡市長福寺町）は、近くの岩倉山で産出する良質の石材を加工する石工がいたことで知られています。岩倉に伝えられた文書群からは、彼ら石工が豊臣期の城郭普請に動員されたことを示す資料が多数発見されました。安土とは地理的に近いことを考え合わせると、彼らが安土築城に動員されたことは間違いないでしょう。

①は岩倉の庄屋・肝煎宛《きもいりあて》に石工の動員を命じたものです。②は岩倉村・長福寺村の石工に対し、石切の権利を認めたものです。いずれも村を単位として命令が伝えられていることから、石工の把握が村を媒介として行われたことを示しています。これらは秀吉時代のものですが、こうした状況は信長時代においても同様だったと考えられます。安土築城にはこうした村の石工たちが各地から動員されたことが考えられるのです。

調査成果の研究

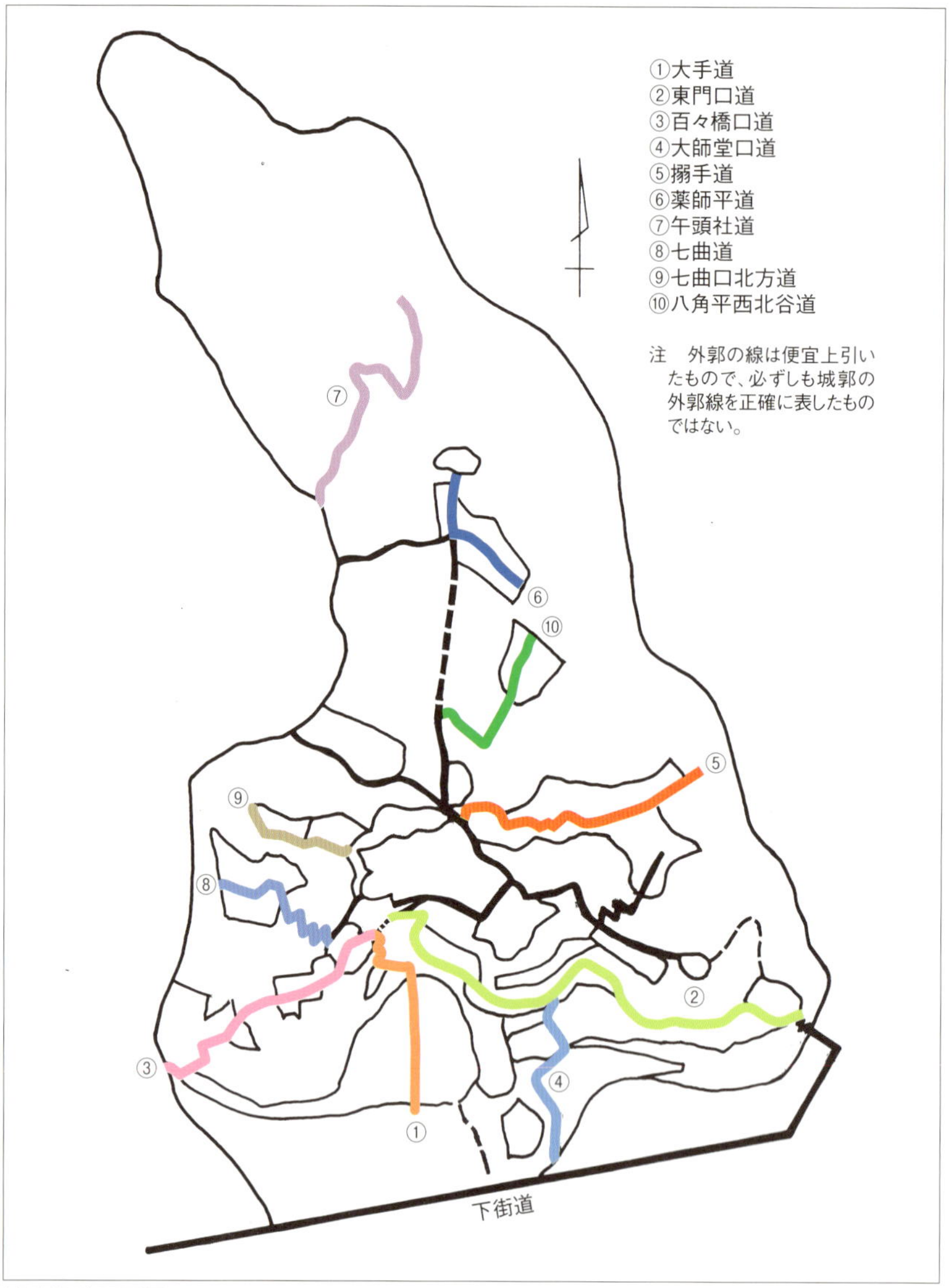

城内通路配置図

通路・道路

安土城跡では他の城郭と同様に城内に複数の通路が敷設されています。二十年間に及ぶ調査では全体が確認できた通路は大手道と尾根道の二本だけで、部分的に調査した通路も百々橋口道、搦手道、七曲り道、主郭外周路、谷筋道の五本となります。調査できなかった通路に関しては、今の姿が後に改変されたものかどうかはっきりしません。

調査開始以前には外から城内への通路として安土山南面中央の谷筋を経て黒金門を通過し本丸に達するとされる大手道や、北腰越峠付近から東門口を経て城内に達する東門口道、百々橋の東側から旧摠見寺境内を通過し伝信忠邸跡まで通じる百々橋口道等、十本程度あるとされていました。また、城内の連絡用通路も認識されていました。今回の調査・整備事業を実施する以前はこれらの通路はおおよそ当時のものと考えられてきました。ところが、調査を実施すると、後に造られた石段や築城当時の遺構が埋没している状況が確認されたのです。

城内の通路は大きく見ると、谷筋部分、尾根上、尾根の中腹、丘陵裾に敷設されたものの四種類に分けられます。

①谷筋部分の通路

大手道、搦手道、七曲り道等の丘陵裾の低地から谷筋を経路に採る通路。谷筋に敷設される通路は裾部の傾斜が緩やかな部分ではほぼ直線で、勾配が急に増加する地点付近から屈曲を繰り返し尾根上に向かう構造となっています。全般に路面が石段となります。大手道では屈曲する部分に踊場は設置しない、搦手道では屈曲する部分に踊場が作られている、湖辺近くで階段がない平坦な路面となる等、異なる点もあります。搦手道は出土遺物から考えると物資搬入路としての性格があるらしく、通路の構造の違いに反映している可能性があります。七曲道では部分的に地山を削り出して階段が造られています。

②尾根上に敷設された通路

百々橋口道、尾根道等の丘陵の尾根上の通路。百々橋口道と同様の通路は、北側の東門口道、七曲口北方道にも確認できます。全体は明らかではないものの、百々橋口道・尾根道はほぼ大手道と同仕様で設置されていますが、谷筋に敷設された通路とは異なり、大部分ほぼ直線状に通じています。大手道とほぼ同様により構築されていると考えられますが、旧摠見寺裏門付近の石段は、天正一〇年（一五八二）以降に改修されたものと判断しました。伝黒金門跡へ接続する尾根道は当初、大手道の一部だとされていましたが、調査結果からは大手道と接続するかどうか判断できません。

③尾根の中腹に敷設された通路

主郭外周路を代表例とする尾根の中腹に位置する通路。主郭外周路は部分的に発掘調査を行ったため、築城当初の構造は部分的にしか把握していませんが、主郭外郭線に沿った形で、いくつかの直線路を接続させた構造となって設置されています。概ね地形に沿い、勾配も谷筋の道に比較して急ではありません。主郭の外郭線上に開いた虎口のひとつである伝黒金門跡付近では現況の石段南側下部で平坦面、石段を検出し、通路があると判断しました。主郭南面では高石垣裾に幅六メートル前後の石段通路を確認しています。仕様は大手道に共通します。伝黒金門跡～主郭南面間は未調査のため不明確で、これらの通路が連続するかは不明です。主郭南面の通路は東へは伝三ノ丸跡の南東隅に達し、ここで本丸南虎口から降りてくる通路が接続します。主郭南東面から北東面では、伝三ノ丸跡石垣と北面帯郭群の石塁の外側に沿って、二～三メートルの幅で設置されています。途中、伝煙硝蔵跡北隅で伝堀邸跡北側に設置された通路が合流し、T字路となります。伝米蔵跡北側には通路上に門があります。北～東面郭群沿いに通過した通路は途中で搦手道が合流して八角平～主郭間連絡通路まで通じますが、その先の行く先は不明で、現況からは通路がループ状になっていることを必ずしも確認できません。

④丘陵裾部に敷設された通路

絵図等では、安土山裾部は大部分が湖岸に直接面し、陸地が続く南面にも内堀が接して築かれているように表現されて

横道部から見下ろした大手道

いました。しかし、調査結果からは安土山南面西側の大手～百々橋口間に石垣の裾に沿って石垣と通路の間に石組側溝がある石段、石畳等が造られない平坦面のみの通路が設置されているものと考えられます。この通路は、面する複数の郭で防御性に低い虎口が道に向かって開口することから、城内通路と理解しています。

大手東石塁北側には幅約七メートルとほぼ大手道と同じ幅を持つ通路が設けられています。大手前広場から西方へは伝江藤邸跡西面下に平坦面が続いているのが確認できますが、現県道付近を通過するとされる下街道と接続するのかどうかは不明です。安土山南面東側では、今のところ通路は検出されていません。

城内に設置された通路には、構造に共通する点がいくつか浮かび上がります。

①階段の構築

大手道に代表されるように、谷筋、尾根上を通過する通路の路面の多くは石段となります。大手道や主郭外周路では緩急に関わらず、石段を造っています。七曲道のように、一部では岩盤を削り出して階段を造る部分があります。搦手道の湖畔に近い下半部や安土山南面裾部の通路、南面以外の主郭外周路では石段、石畳等は設置されていないようです。

②石組側溝の設置

道に沿って石組側溝を設ける箇所が各通路に見られます。本格的には大手道の直線部のように通路両側に側溝を設けるものと思われますが、実際は通路の片側に側溝を設ける場合が多いです。搦手道、主郭外周路の南面部分のように通路の真ん中に石組水路を設ける場合や、大手道のように溝が路面を横断し側溝の位置を変化させる場合があります。

③直線的な構造

通路を屈曲させる場合は曲線路を用いず、直線路を接続させる構造を採ります。屈曲部分は大手道のように踊場を設けない通路と搦手道のように踊場を設ける通路とがあります。

④ほぼ一定の路面の幅

路面の幅は六～七メートルとほぼ一定の値に収まる場合が多いです。特に大手道は大手東虎口からの通路を含めて尾根上まで大きく道幅を変化させません。主郭外周路の伝三ノ丸跡と伝堀邸跡間、谷筋道に関しては道幅が狭いようですが、正確な状況は不明です。

以上のように、構造が共通する点があることから、城内の通路は標準的な仕様があるものと考えられます。ただ、場所によって仕様は使い分けていた可能性があります。

安土城に関する記録のある文書には道・通路の記述はほとんど見出せません。『信長公記』でも、城内の通路に関する記事は、道の経路を想定させるものがわずかに見られるだけです。イエズス会宣教師の書簡には「馬が登れる約三百段の階段」といった記述が見えますが、どの通路の記述か判断できません。

安土城は内部の各郭群と主郭とで相互通行が可能であるため、主郭と山内の郭群が通路で結合して城郭として成立しているといえます。城外から主郭直下へ連絡する通路が直線で石造構造物を伴う例は、安土城に先行する小牧山城に求められる可能性があります。安土城に先行する観音寺城にも石段・石組側溝を伴う直線通路が見られますが、規模が小さいこと、城内の郭間を連絡する構造にしかなっていないという点で、安土城とは同一視できません。この点を比較すると、安土城の通路は中世城郭には見られない特徴を示す構造を有しています。前に示した特徴は佐和山城や彦根城本丸の通路にも似ており、安土城が近世的城郭の先駆けと位置づけることも可能でしょう。

いわゆる「下街道」に係る部分は安土山南面東南部で調査しましたが、後世の開発で地形が変わり、状況を伺うことは困難でした。『安土古城図』では下街道は途中で屈折し直線的に北腰越に向かっているように見えますが、この絵図は城外の部分を簡略化して表現しているらしく、当時の姿を正しく伝えていないと思われます。一方、下街道を踏襲していると考えられる旧朝鮮人街道は、江戸時代の絵図・明治時代の地形図には繖《きぬがさ》山側の斜面の方から鞍部に取付くように表現されています。そのため、少なくとも江戸時代前半からは道路がこのような経路を取っていたことは間違いないと思われます。また、この付近の地籍図には道の痕跡を示す地割は認められません。そのため、現在の水田部分に道があった可能性は相当低いと考えられます。ただ、北腰越の部分で道路が安土城と接続することは間違いなく、水上交通路を含めて考えると、安土城は水上、および陸上の交通路の結節点に築城された、との評価もできるでしょう。

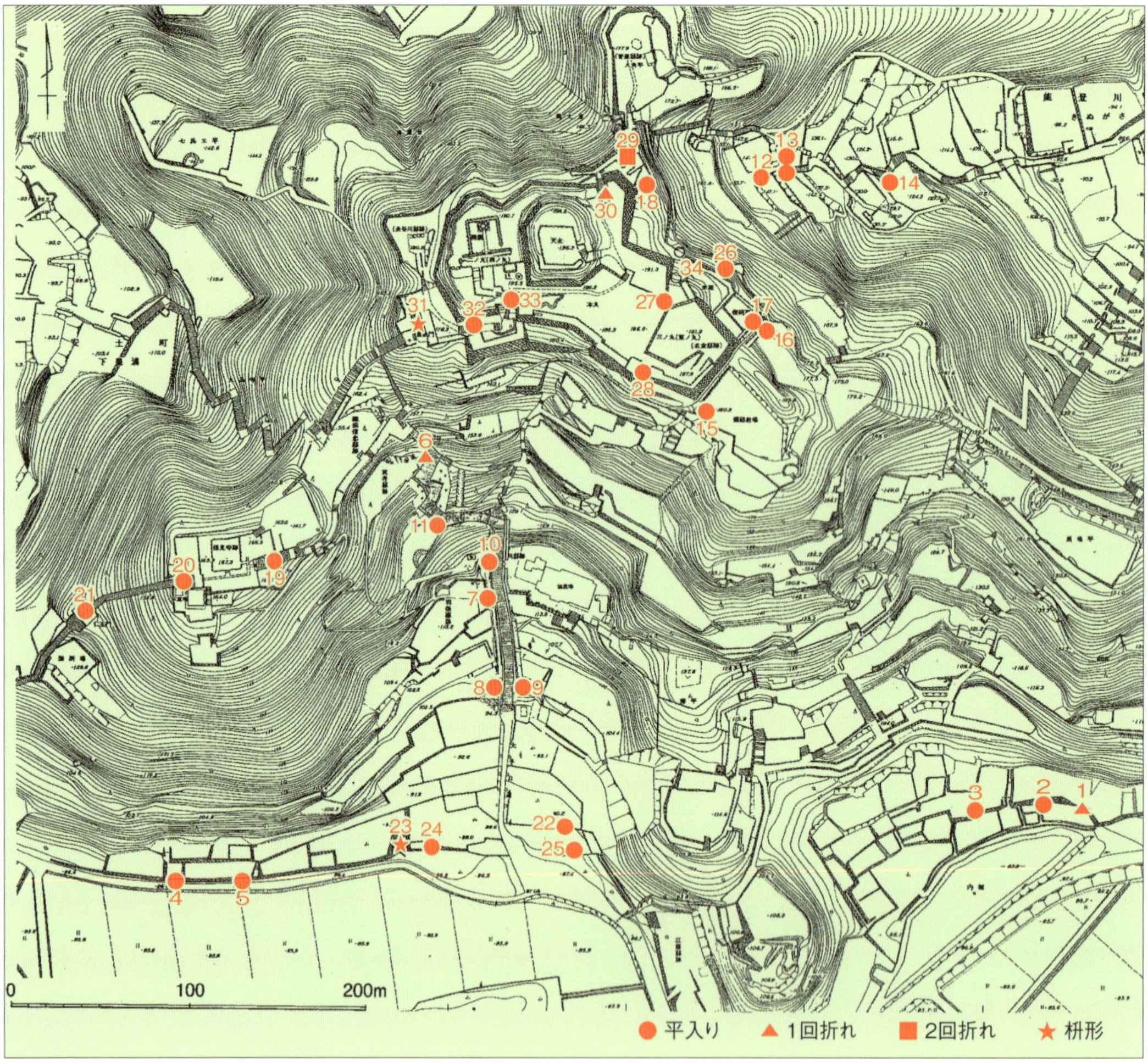

調査で明らかになった虎口の分布

虎口

　城郭研究において常に使用される「虎口」は、簡単に言い直すと郭への出入り口のことです。攻撃も防御もここに集中することから、城にとっては重要な場所です。戦国時代には防御の工夫が凝らされ、その形態によって城の発達度がはかれるほどです。安土城跡は虎口形態においても画期的な工夫が始まったと評価されています。

　平成元年に始まった安土城跡の発掘調査では、両袖が何とか推定できるものに限って数えると、三三ヵ所の虎口が見つかりました。形態がわからなくなったもの、未調査のものを含めると、これよりはるかに多くの虎口があったことは間違いありません。

　これをひとつずつ検討していくと、虎口が設置された場所によって、虎口形態も異なることがわかります。虎口は郭の出入り口ですから、道から郭のへの通過点といってよいでしょう。そこで、道と郭の位置関係から、①城内路の側辺に面

安土城跡虎口一覧

	地　区	設置位置（外側⇒内側）	分　類	タイプ	その他
1	山裾　蓮池地区	山裾道（又は下段郭）⇒ 中段郭	山裾道側面	一回折	内へ入り込む石段
2	〃	〃	〃	平入	外へ張り出す石段
3	〃	〃	〃	〃	内枡形状空間、石段
4	山裾西部　大手～百々橋地区	山裾道 ⇒ 郭	〃	〃	内へ入り込む石段、礎石建物
5	〃	〃	〃	〃	門礎石あり、高麗門？
6	伝大手道沿い　伝武井邸	伝大手道 ⇒ 伝武井邸	登城道側面	一回折	門礎石あり、四脚門
7	伝大手道沿い　伝羽柴邸	伝大手道 ⇒ 伝羽柴邸上段郭	〃	平入	門礎石あり、高麗門
8	〃	伝大手道 ⇒ 伝羽柴邸下段郭	〃	〃	門礎石あり、櫓門
9	伝大手道沿い　伝前田邸	伝大手道 ⇒ 伝前田邸	〃	〃	内枡形状の空間あり
10	伝大手道沿い　無名郭	伝大手道 ⇒ 伝羽柴邸上方の郭	〃	〃	門礎石あり、高麗門？
11	〃	伝大手道 ⇒ 伝武井邸下方の郭	〃	〃	門礎石あり、高麗門？
12	伝搦手道沿い	伝搦手道 ⇒ 郭	〃	〃	
13	〃	〃	〃	〃	
14	〃	〃	〃	〃	
15	伝堀邸南西虎口	主郭部外周道 ⇒ 伝堀邸	城内道側面	〃	門礎石あり、櫓門
16	伝堀邸北西虎口	主郭部外周道 ⇒ 伝堀邸	〃	〃	門礎石あり？
17	主郭部　伝煙硝蔵虎口	主郭部外周道 ⇒ 伝煙硝蔵	〃	〃	
18	主郭部　伝台所跡	伝台所北虎口 ⇒ 伝台所跡	郭連結	〃	埋門
19	旧摠見寺裏門	百々橋口道	登城道途中	〃	門礎石あり、四脚門
20	旧摠見寺表門	〃	〃	〃	門礎石あり、四脚門
21	旧摠見寺二王門	〃	〃	〃	楼門
22	大手口　内側東部郭	大手口石塁内側の下段郭 ⇒ 上段郭	〃	〃	内へ入り込む石段を築造
23	大手口　石塁西端虎口	大手広場 ⇒ 石塁内側郭	〃	枡形	西袖は櫓台
24	大手口　石塁西虎口	〃	〃	平入	
25	大手口　石塁東虎口	〃	〃	〃	
26	主郭外周道	外周道	城内道途中	〃	門礎石あり
27	主郭部　伝本丸東虎口	城内道 ⇒ 伝本丸	主郭部入口	〃	門礎石あり、高麗門？
28	主郭部　伝本丸南虎口	主郭部外周道 ⇒ 伝本丸	〃	〃	櫓門？
29	主郭部　主郭北虎口	伝搦手道 ⇒ 主郭部	〃	二回折	門礎石あり、櫓門？
30	主郭部　伝本丸北虎口	帯郭 ⇒ 天主取付台	〃	一回折	門礎石あり、櫓門
31	主郭部　伝黒金門跡	七曲道または主郭外周道 ⇒ 伝二ノ丸西帯郭	〃	枡形	門礎石あり
32	主郭部　伝二ノ丸南帯郭	伝二ノ丸南帯郭の中央	〃	平入	門礎石あり、櫓門？
33	主郭部　伝二ノ丸南虎口	伝二ノ丸南帯郭 ⇒ 伝二ノ丸東溜まり	〃	平入	櫓門

する虎口、②城内路の途中にある虎口（門）、③登城路の到達点である主郭部に位置する虎口、の三つに分けて説明します。なお、ここでは虎口の平面形態のみで分類します。安土城には櫓門が推定できる場所があり、門を構成する建物が防御施設として重要になってきますが、十分な考証ができない場合もあるため、ここでは省略します。

①城内路の側辺に面する虎口

登城路である、大手道・搦め手道・百々橋口道、主郭部外周道、山麓外周道に面した郭に虎口が設けられており、これらでは単純な平入りが多いようです。もっとも立派な虎口は伝羽柴秀吉邸下段郭の虎口で、間口は九メートルあり、櫓門が推定されています。一回折れを設ける場合もありますが、これに攻撃の突進力をそぐ意図があったかどうかは疑問です。むしろ、郭の面積を大きく採るための工夫と見た方がよい場合があります。

②道の途中にある虎口（門）

郭の出入り口ではありませんが、門が造られているケースです。主郭部東面の

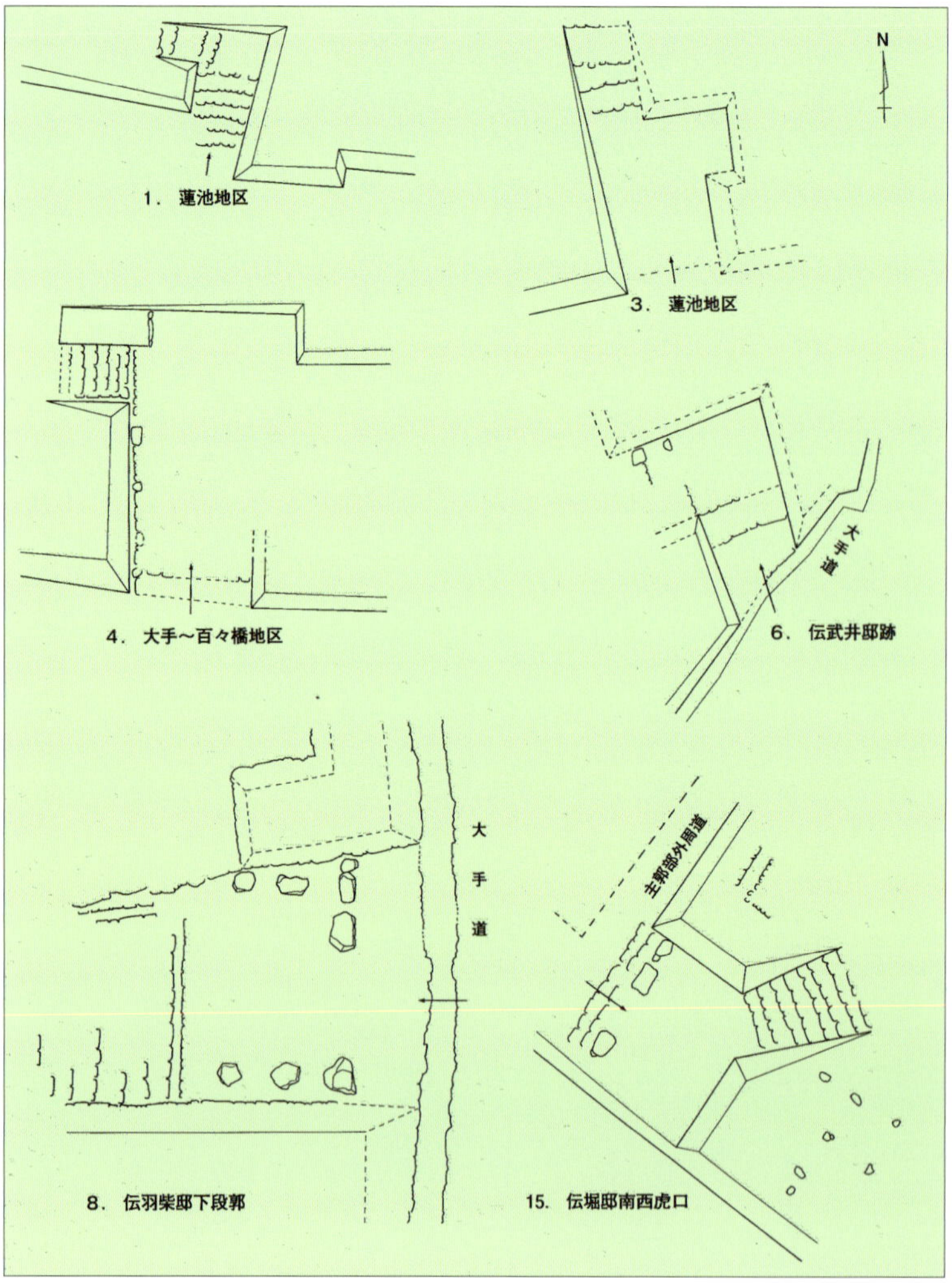

城内路沿いの虎口

外周路にこのケースが見られます。ほかに、百々橋口道が貫通する旧摠見寺の二王門・表門・裏門もこのケースにあてはまります。側面の石垣と門柱を密着させていないので、城門として機能したかどうかは疑問です。また、大手口石塁の四門も大手道途中に設けられていると言えるでしょう。

③主郭部の虎口

安土城跡の虎口としてはもっとも評価の高いのが伝黒金門と主郭部北虎口です。前者で説明すると、L字形の石塁を組み合わせて二回折れの虎口を造っています。外から見て右袖が欠落していますが、外枡形虎口の先駆形態と見られます。石塁を利用して内側に櫓門を造れば、鉄壁の虎口になります。さらに、伝二ノ丸南帯郭を通って、その奥にも内枡形虎口が存在することが重要です。どちらの枡形も規模は小さいですが、両者の間にある伝二ノ丸南帯郭自体に枡形と同じ機能をもたせることができます。そして、そこには三回の折れ曲がりが仕組まれています。この空間は守り手にとっては出撃を準備

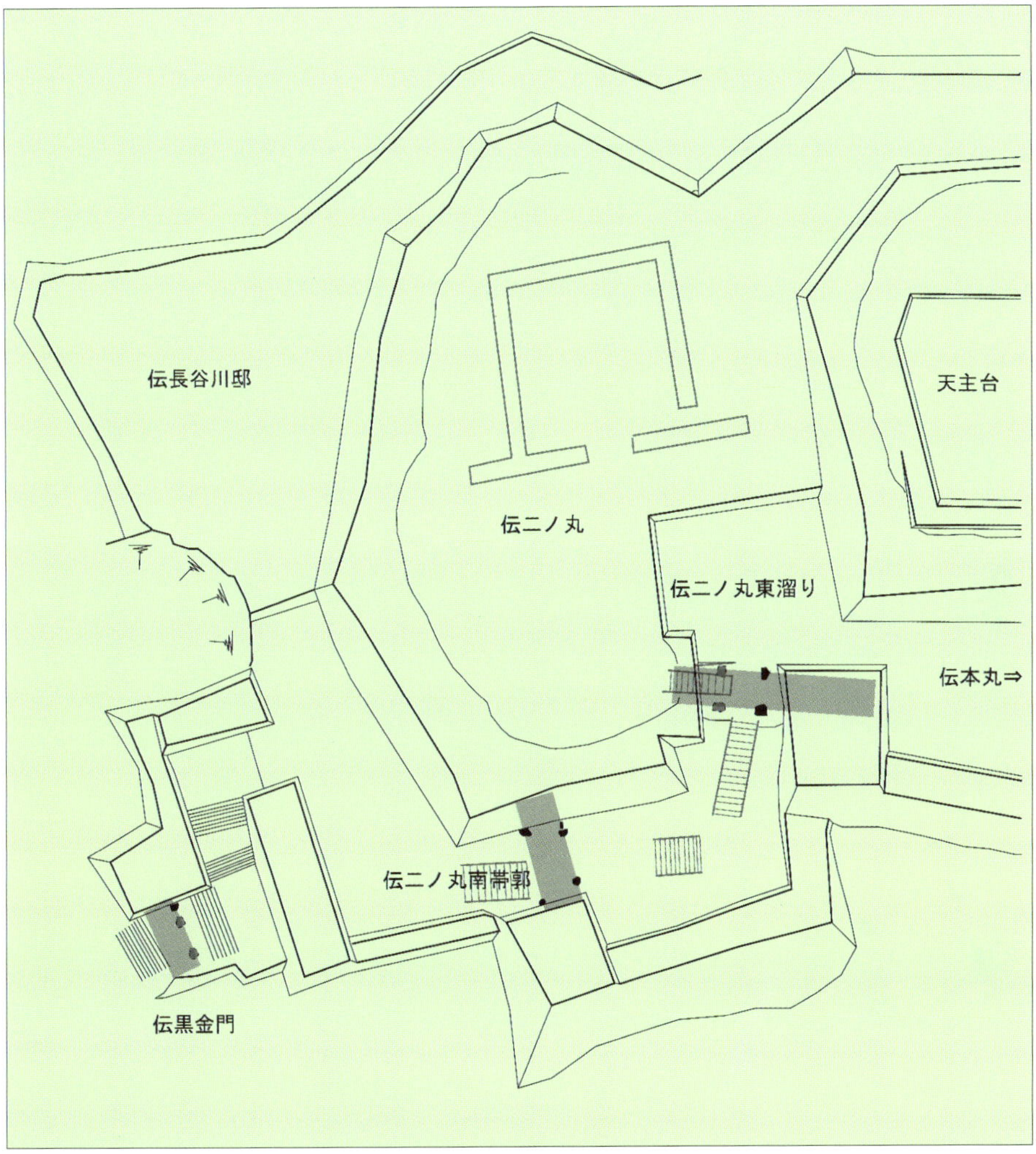

主郭部西虎口

する武者溜まりとして機能します。また、攻撃側には伝黒金門を落としたあと、次の城門を落とすまでここに滞留せざるをえず、その間に伝二ノ丸のうえから横矢を仕掛けられてしまいます。しかもその間が何度も折れ曲がって前方を見通せないので、知らずに突進した兵士はあとから押し寄せるばかりとなり、ここで身動きがとれないことになります。攻め手としては突進力が完全にそがれてしまい、まことに攻撃しにくい構造です。このように郭自体に虎口機能を持たせ、城を構成する郭の配置によって、城全体で枡形虎口をいくつも連続させたのと同じ機能を果たす仕組みは、近世の江戸城などにおいて究極まで発達します。安土城はその端緒を開いた城として、築城技術的に高く評価されているのです。

さて、以上のような高度な虎口が考案されているにもかかわらず、登城路沿いでは単純な平入り虎口ばかりでした。そもそもこれらの虎口は、主郭への攻め上る際に経由する必要のない虎口です。安土城跡の虎口は、場所の機能によって、

伝本丸御殿復元平面図（藤村泉作図）

合理的に虎口が造り分けられているのです。このように考えてくると、山腹の登城路沿いに並ぶ郭群は、主郭部とは異なる発想で配置されていたことがわかります。安土城全体の構造については、改めて考える必要があります。

建物

安土城跡の発掘調査では伝本丸跡と伝羽柴邸跡および伝前田邸跡の建物群礎石配置が明確にされ、建物の平面復元が行われました。これらは時代の転換点にあたる城郭建物であり、類例や考察資料が乏しいなかで行われた復元です。ここではその中から、伝本丸跡、伝羽柴邸跡上段郭、旧摠見寺跡の建物について説明します。

①伝本丸跡中心建物

天主台南東に広がる伝本丸跡には一三八個の礎石および礎石の抜取り痕が認められ、建物の南北軸は東へ二六度半振れています。建物は大きく二棟に分けることができ、西側の東西八間×南北一一間の総柱建物を中心建物として、東

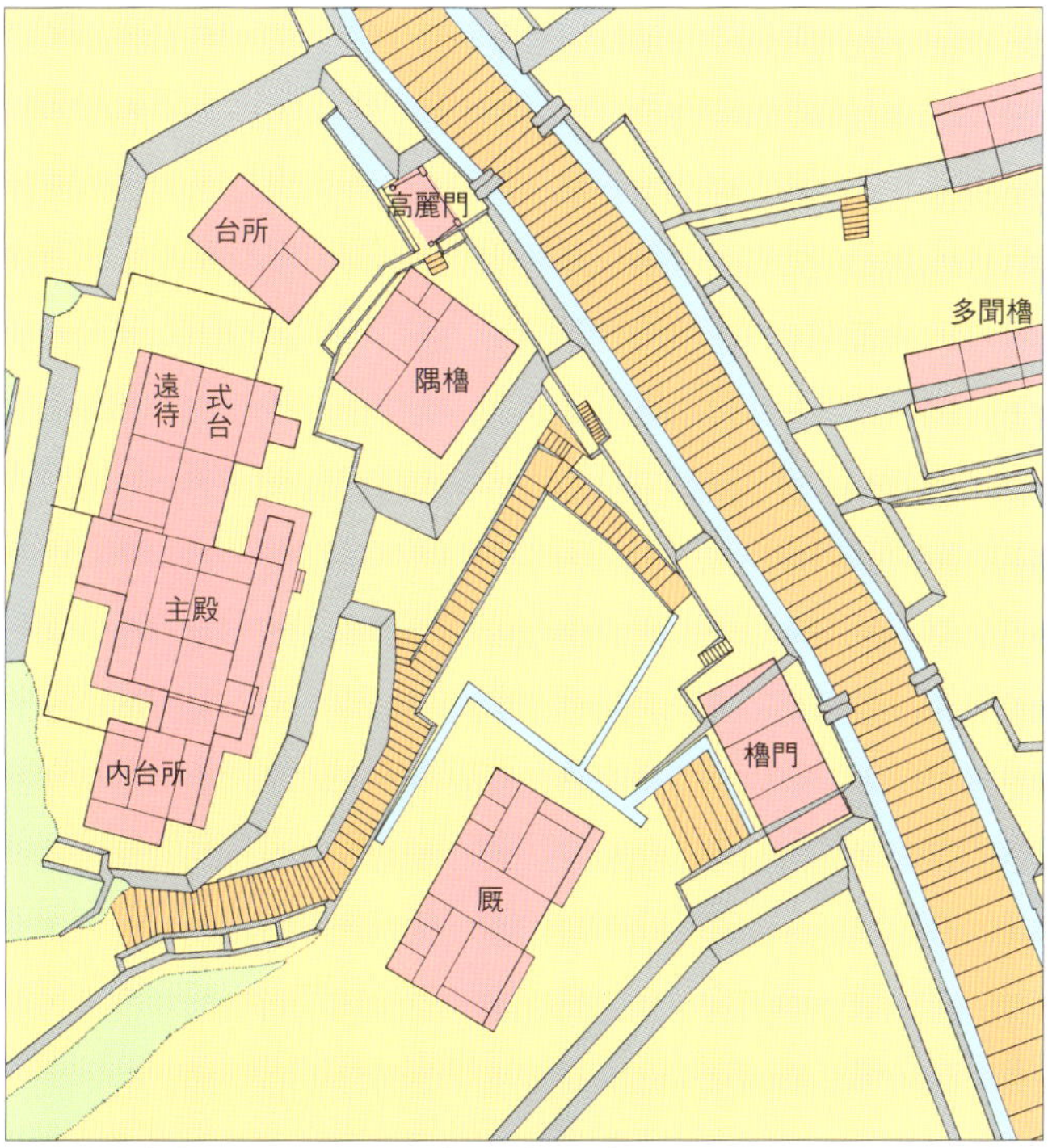

伝羽柴秀吉邸建物復元平面図（藤村泉作図）

伝羽柴秀吉邸建物群の推定復元ＣＧ

伝羽柴秀吉邸推定地形復元模型

側に東西三間×南北一一間の付属的建物があります。これらの間には中庭が設けられ、両建物は南端の南方二間×東西五間の廊下状建物が結んでいたと考えられます。

　中心建物の礎石に残る痕跡は、柱の一辺が一尺二寸と際だって大きく、また原則として一間ごとに柱を立てる総柱であることから、通常の書院建築とは考えがたく、上階を支える地階柱か、あるいは高床構造の床下柱と考えられます。本丸取付台や伝名坂邸など一段高い郭と渡り廊下で連絡していた可能性が考えられるのは、この柱から推定される建物の構造によるところです。

　総柱なので部屋割りを復元することは難しいですが、周囲に一間幅の広縁をとると、一間半の間隔で立つ五本の柱を手がかりにして二間×三間の三室を北端に想定できます。さらに『信長公記』の記述には天主近くに「御幸の間」と呼ばれる行幸御殿らしい建物がうかがえることを根拠とし、右記の部屋割りには天正期および慶長期の内裏清涼殿の平面に似た

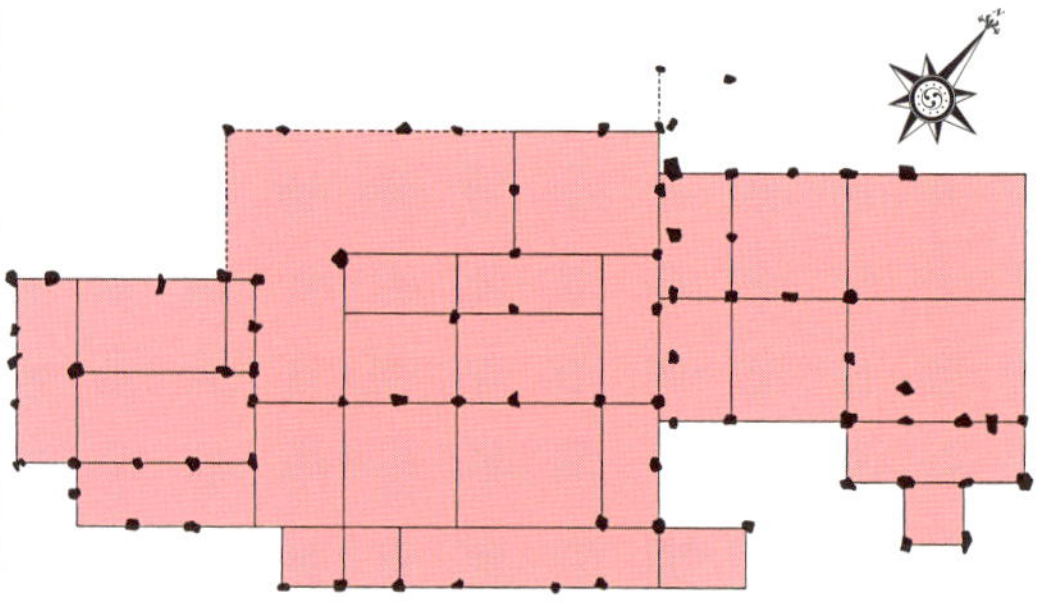

主殿部遺構図

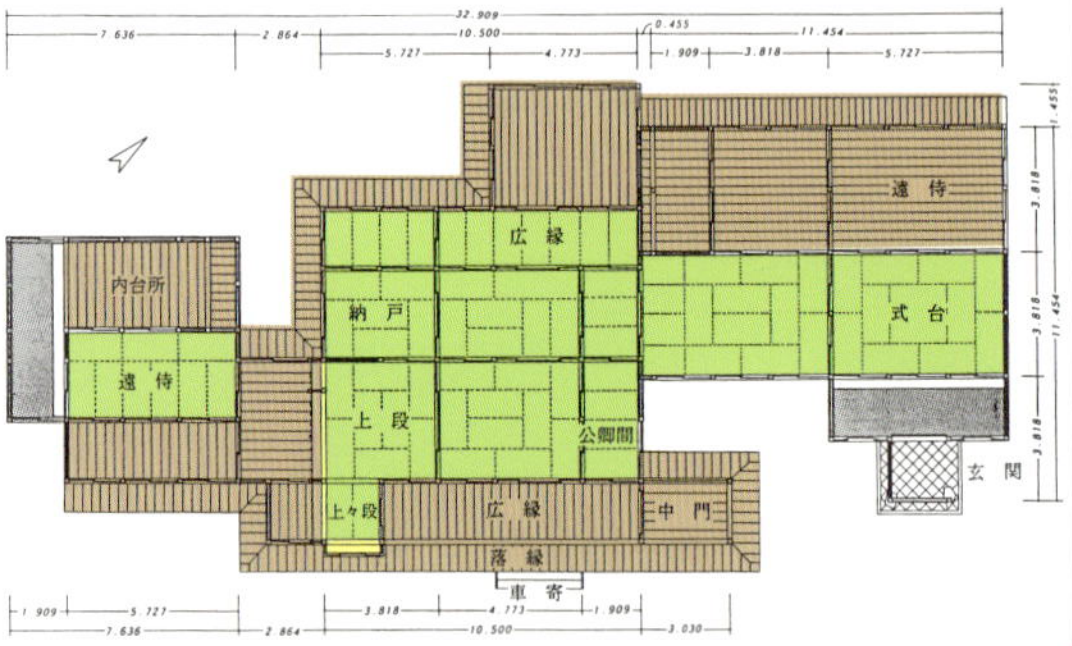

主殿部復元平面図（藤村泉作図）

伝羽柴秀吉邸上段建物の復元ＣＧ

伝羽柴秀吉邸付近の築地塀・隅櫓復元ＣＧ

部分が認められことから、これを東西逆にした建物を中心建物として復元しました。内裏建物から類推すると、東側の建物は「殿上之間」「諸大夫之間」に相当することになります。

②伝羽柴邸跡上段建物

ここから発見された建物跡は原則として柱間が六尺三寸となる建物で、礎石の間隔がこれとは異なる部分があることから、三棟の建物跡に分割することができます。

中央が中心的建物と考えられ、南北と東に広縁を設け、二列四室配置の平面構成が復元される主殿と考えられます。一間半隔たる西の小規模な建物跡は式台風建物になりそうです。東の建物跡は中央と一尺五寸の間隔しかなく、しかも南北に一尺五寸ずれていることから、時期の異なる可能性があります。しかし、方位が正しく一致しているので、仮にこれらが同時に存在したとすると、東方大手道に面する高麗門跡《こうらいもんあと》が見つかったことから、この建物が主たる入口となり、主殿とは十二畳の相之間を介する遠侍と式台、お

郵　便　は　が　き

お手数ながら切手をお貼り下さい

5　2　2-0　0　0　4

滋賀県彦根市鳥居本町655-1

サンライズ出版 行

〒

■ご住所

■お名前《ふりがな》　　　■年齢　　　歳　男・女

■お電話　　　■ご職業

■自費出版資料を　　　希望する ・ 希望しない

■図書目録の送付を　　　希望する ・ 希望しない

サンライズ出版では、お客様のご了解を得た上で、ご記入いただいた個人情報を、今後の出版企画の参考にさせていただくとともに、愛読者名簿に登録させていただいております。名簿は、当社の刊行物、企画、催しなどのご案内のために利用し、その他の目的では一切利用いたしません（上記業務の一部を外部に委託する場合があります）。

【個人情報の取り扱いおよび開示等に関するお問い合わせ先】
サンライズ出版 編集部　TEL.0749-22-0627

■愛読者名簿に登録してよろしいですか。　□はい　□いいえ

ご記入がないものは「いいえ」として扱わせていただきます

愛読者カード

ご購読ありがとうございました。今後の出版企画の参考にさせていただきますので、ぜひご意見をお聞かせください。なお、お答えいただきましたデータは出版企画の資料以外には使用いたしません。

●書名

●お買い求めの書店名（所在地）

●本書をお求めになった動機に○印をお付けください。

1．書店でみて　2．広告をみて（新聞・雑誌名　　　　　　）

3．書評をみて（新聞・雑誌名　　　　　　）

4．新刊案内をみて　5．当社ホームページをみて

6．その他（　　　　　　）

●本書についてのご意見・ご感想

購入申込書

小社へ直接ご注文の際ご利用ください。
お買上 2,000 円以上は送料無料です。

書名　　　　（　　　冊）

書名　　　　（　　　冊）

書名　　　　（　　　冊）

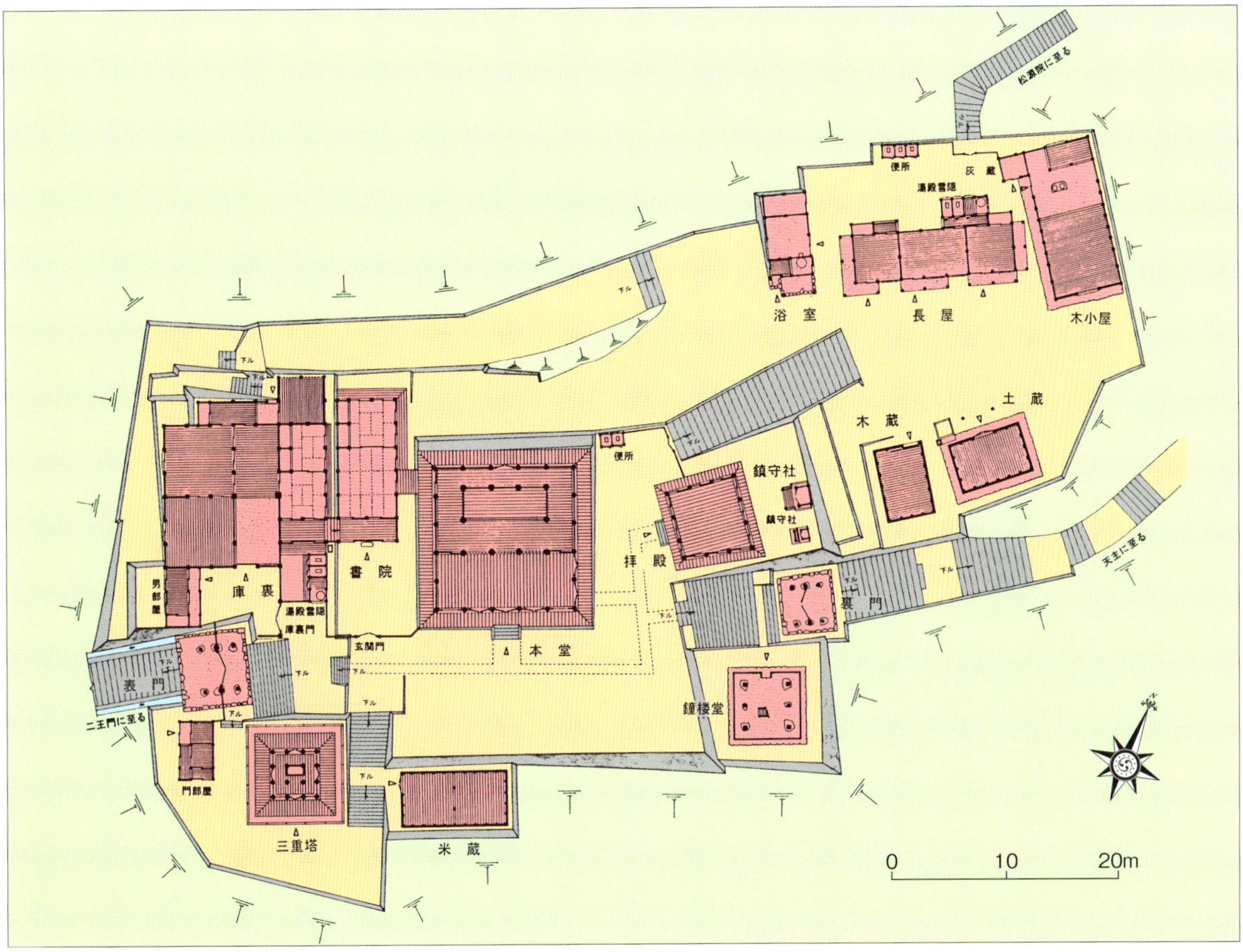

旧摠見寺伽藍復元図（藤村泉作図）

よびその南に玄関が設けられたと考えられます。

③旧摠見寺跡

　廃城後も存続した旧摠見寺跡の建物は、『摠見寺境内絵図』（寛政三年）、『境内坪数並建物明細書』（同年）、および『近江名所図会』（文化一一年）など、比較的豊富な史料が残されています。本堂は焼失しましたが、こうした史料から立面構造もうかがうことができます。平面構造は四面に縁を回した方五間堂で、前から二間通りを外陣とし、その後方に、側背面に一間通りの庇を付した二間×三間の内陣を置いています。中世密教本堂特有の平面ですが、記録・絵図などからこの本堂は二重であったことがうかがえます。フロイスはこの二階部分に「盆山」という石が置かれたといい、江戸時代には観音像を安置、『近江名所図会』はここに人物を描いていることから、床を張った本格的な二階づくりであったようです。裳階や吹き抜けにして、外観を二重に見せるのが通例であることからすると、この本堂は異例といえます。

蓮池上段部出土資料

伝羽柴秀吉邸跡上段部出土資料

土器

安土城は、天正四年築城から天正一〇年主郭部炎上、天正一三年廃城とわずかな期間しか機能していないことから、出土する土器はこの時期に限定された示準となる土器として着目されたことがあります。

しかし、主郭部の炎上はすさまじく瓦や陶磁器が溶解して癒着している状態で、良好な遺物はほとんど無いという状況です。

また、炎上を免れた山麓部分も大手道中頃に摠見寺が仮本堂を建てるなど幕末

伝羽柴秀吉邸跡上段部出土資料

大手西石塁北上段部出土資料

大手西石塁北上段部出土資料

大手西石塁北上段部出土資料

期に大きく改変されており、近代の遺物が混じるなど層位で遺物を取り上げることが困難になっています。

山麓郭の家臣屋敷地では、特に伝羽柴邸側を含めた大手道西側郭群と蓮池周辺から良好な資料が出土しています。

特に目を引くのは必ず茶器が含まれていることです。瀬戸美濃焼の天目茶碗・茶入・信楽焼か備前焼の建水《けんすい》・水指《みずさし》・茶壺です。皿類は輸入陶磁器の白磁・染め付けと瀬戸美濃焼の鉄釉皿《てつゆうざら》や灰釉皿《かいゆうざら》が多く出土していますが、茶器として扱ったか食器として扱ったかは判りません。

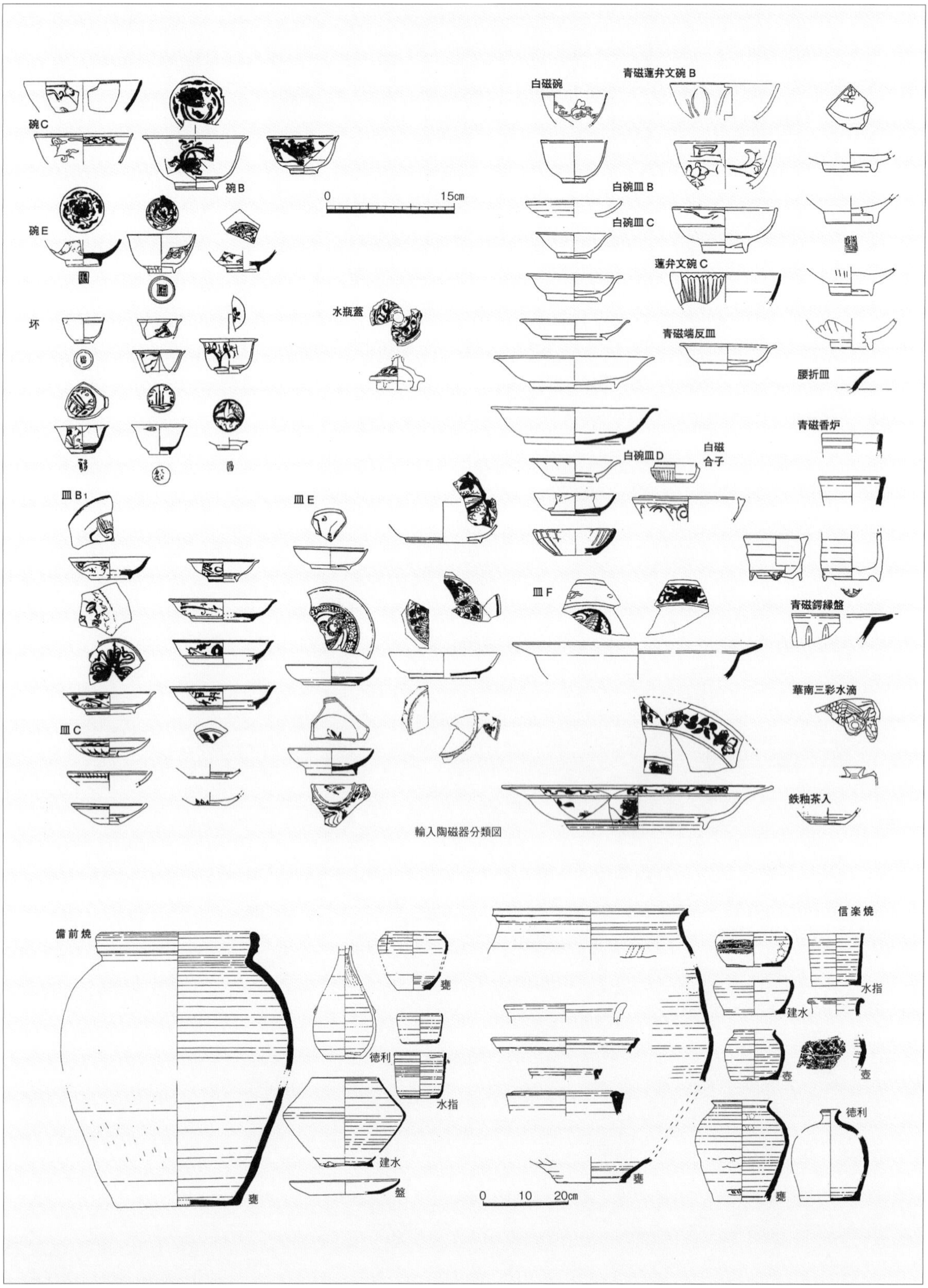

安土城跡出土遺物実測分類図

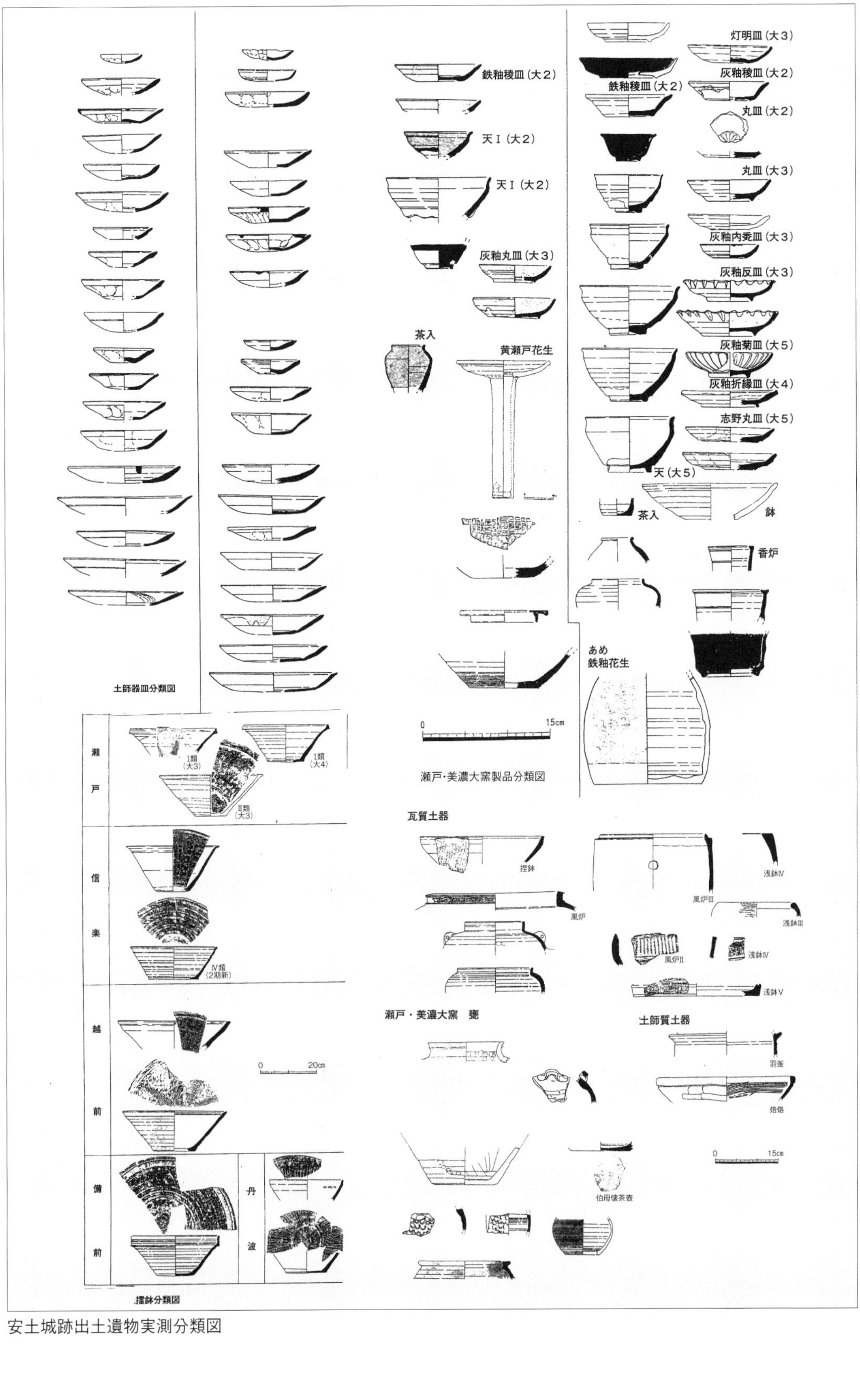

安土城跡出土遺物実測分類図

瓦

古代以来、我が国での瓦の使用は宮殿や地方の役所・寺院などが中心でした。信長が上杉謙信に贈ったとされる狩野永《かのうえい》徳《とく》筆の「洛中洛外図屏風」にも瓦が葺かれているのは寺院だけです。安土城以前にも松永久秀の多聞城《たもんじょう》や明智光秀の坂本城、斎藤龍興の稲葉山城などで瓦が使われましたが、いずれも奈良の寺院に葺かれた瓦と同じ文様であることから、奈良の瓦工房に発注したか、工人に来てもらって瓦を近くで焼いたと思われます。『信長公記』には「瓦は唐人一観に仰せつけ奈良衆に焼かせ」とあり、奈良の寺院の瓦を作っていた工人たちに焼かせています。この瓦を安土城の近くで焼いたのか、奈良で焼いて製品として安土に運んだのかは不明です。

安土城の瓦は、整理した結果、軒丸瓦が七型式、軒平瓦が九型式あることが分

軒丸瓦　大中小

丸瓦　凹面　大中小

スタンプ文のある瓦

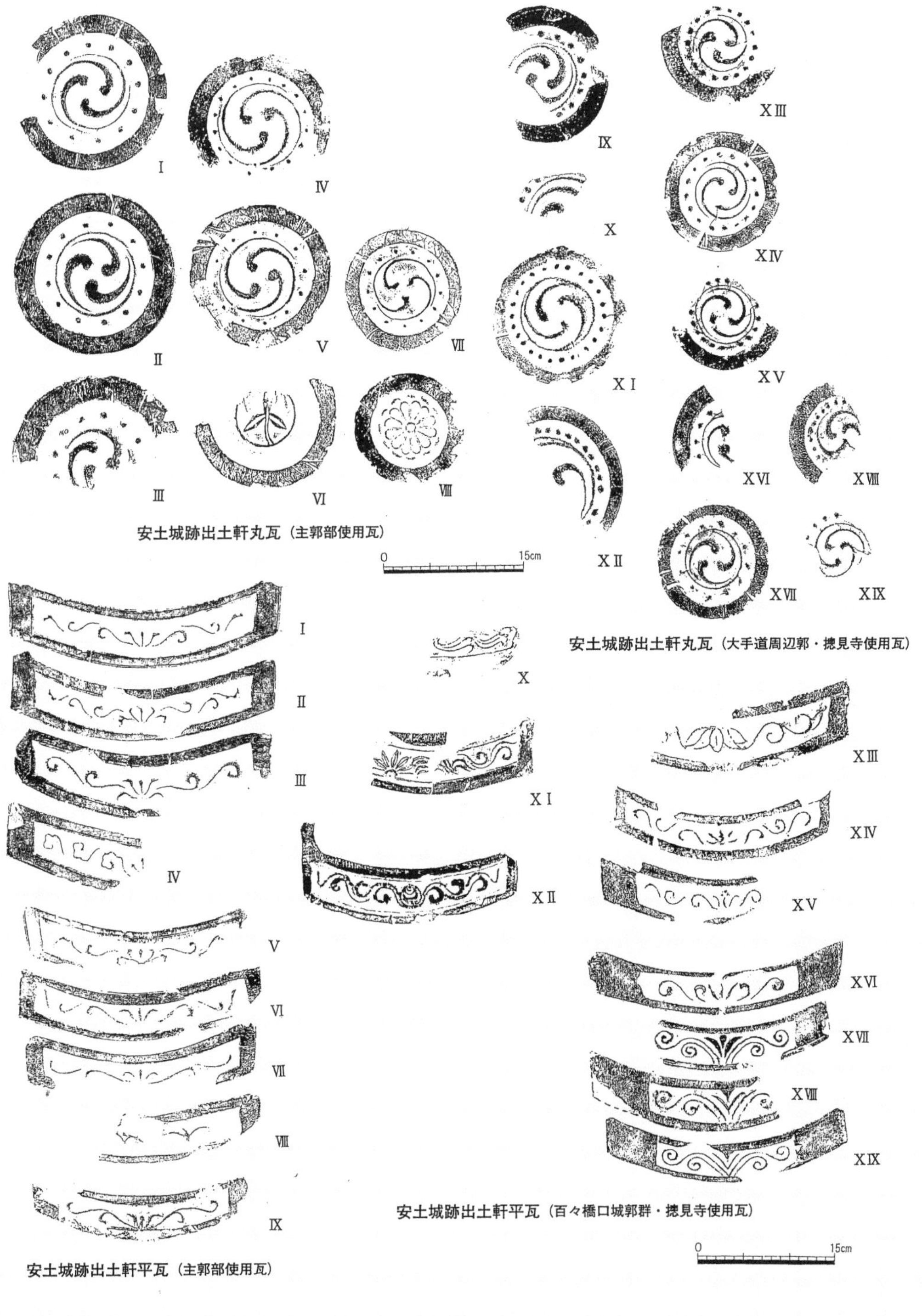

Ⅰ
Ⅳ
Ⅱ
Ⅴ
Ⅶ
Ⅲ
Ⅵ
Ⅷ
安土城跡出土軒丸瓦（主郭部使用瓦）
0 15cm
Ⅸ
ⅩⅢ
Ⅹ
ⅩⅣ
ⅩⅠ
ⅩⅤ
ⅩⅡ
ⅩⅥ
ⅩⅧ
ⅩⅦ
ⅩⅨ
安土城跡出土軒丸瓦（大手道周辺郭・摠見寺使用瓦）
Ⅰ
Ⅱ
Ⅲ
Ⅳ
Ⅴ
Ⅵ
Ⅶ
Ⅷ
Ⅸ
安土城跡出土軒平瓦（主郭部使用瓦）
Ⅹ
ⅩⅠ
ⅩⅡ
ⅩⅢ
ⅩⅣ
ⅩⅤ
ⅩⅥ
ⅩⅦ
ⅩⅧ
ⅩⅨ
安土城跡出土軒平瓦（百々橋口城郭群・摠見寺使用瓦）
0 15cm

軒丸瓦　軒平瓦分類図

かりました。瓦は大きさ別に大中小三サイズあり、建物により葺きわけられていたとみられ、天主周辺からは大きいサイズ以外の瓦は出土しないこと、小サイズは三ノ丸下のみの出土であることが分かりました。

また、瓦には工人か工房の印とみられるスタンプ文が押されています。これらの中に奈良の特産品であった「奈良火鉢」に押されているスタンプ文と同じ菊文のスタンプが見られ、『信長公記』に記載がある奈良衆に焼かせたことを立証するものとして注目されました。

瓦では、他に安土城を代表する物として金箔瓦と鯱があります。

まわり縁瓦

鳥伏間

輪違瓦

金箔瓦は三巴文軒丸瓦《みつどもえもんのきまるがわら》と唐草文軒平《からくさもんのきひら》瓦《がわら》のそれぞれ文様の凹部に施されています。これ以外に小菊文瓦《こきくもんかわら》・桐文飾瓦《きりもんかざりかわら》・棟飾瓦《むねかざりかわら》・輪違瓦にも金箔が施されていますが、これらは凸部に施されています。金箔の接着剤は漆《うるし》が用いられています。

この安土城と同じ型式の瓦は織田信澄《のぶずみ》の近江高島城天主と織田信雄《のぶかつ》の伊勢松ヶ島城天主から大サイズの1型式のみが出土しています。そのうち伊勢松ヶ島城のみ金箔瓦です。織田信忠に譲った岐阜城からも金箔瓦が出土していますが、安土城のものとは文様が異なっています。

これら金箔瓦の使用が許可されたのは信長の直系一族のみであったようです。

小菊金箔瓦

安土城の金箔瓦が出土する箇所は主郭部がほとんどで、搦手道から未使用の三点と伝羽柴邸跡櫓門周辺から四点出土するのみでした。主郭以外の家臣屋敷地には瓦葺きの建物は無かったと考えています。もし、伝羽柴邸櫓門に金箔瓦が使われて

金箔瓦出土一覧表

出土地点	出土点数	備考
伝名坂邸跡周辺	30	含獅子口
天主台南石垣下	16	含鬼板・飾蓋・鳥
天主台南西石垣下	47	
天主北面石垣下	19	含鯱
伝台所跡周辺	25	含鬼板
伝堀邸跡	24	
伝米蔵跡	46	含鯱・菊紋
その他	10	搦手3、伝羽柴邸跡3
計	217	

いたとなるとこの郭は家臣の屋敷ではなく信長の館になります。御座所《ござしょ》の可能性も否定はできません。

次に、鯱ですが、寺院の鴟尾《しび》が変化したという説もありますが、大棟の両端を飾る火伏《ひぶ》せのまじないとしてとしてこの頃から出現しだしたものです。坂本城や松ヶ島城からも出土していますが、金箔を施したものは安土城が初めてです。その後、尾張名古屋城のようにオール金という鯱も出てきますが、安土城のものは目や牙《きば》、鰭や蛇腹《じゃばら》の部分といった一部に金箔を施すものです。伝米蔵跡から一個体分が出土しましたが中サイズのもので、天主のものはもう一回り大きいと思われます。

伝米蔵跡出土金箔鯱瓦

同上復元模型

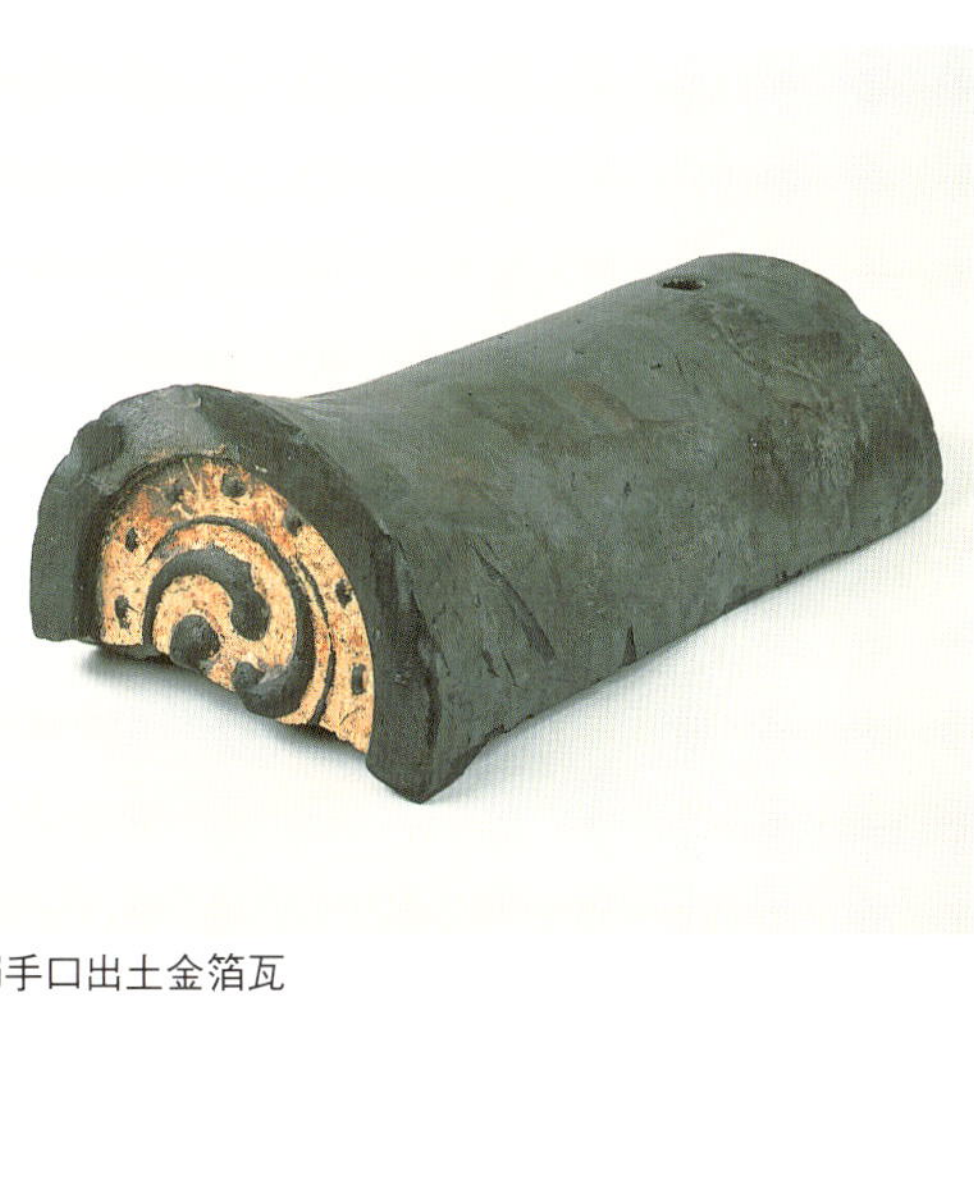
搦手口出土金箔瓦

砥石

石臼

穴の開いた硯

石製品・石造物

安土城では石で作られた製品も見つかっています。石で作られた製品は大まかに普段の人間の活動に係わるような道具類は石製品、それ以外の信仰に関係するものを石造物と呼びます。

石製品では砥石《といし》、硯《すずり》や臼が見つかっています。このうち最も多いのは砂岩質《さがんしつ》の砥石で、大手道・大手口付近を中心に、板状あるいは方柱状《ほうちゅうじょう》のものが出土しています。砥石は工具の刃を研ぐために使用された可能性があるため、その出土には安土城の築造が関係しているかも知れません。郭内では字を書くための墨を摺る硯が出土しています。その形状は平面が方形で、現在のものとほぼ同じ形をしています。中には底まで穴が開くほど墨を摺るのに使用されたものもあります。臼は食物やお茶の葉を粉にする調理に使用されたものだと考えられます。調理に使われたものとしては、食物を突いてつぶした突臼《つきうす》や煮炊きに使用した石鍋も少数ですが出土しています。石製品の中に

笏谷石製の板状破片

笏谷石製容器

は、伝本丸跡の中心に建てられていた建物の東側のすぐ横で据えられた状態で出土した笏谷石で作られた大型の容器もあります。笏谷石は福井県で多く産出される凝灰岩《ぎょうかいがん》で、これで作られた物としてはこの他に板状に加工された破片が城内で出土しています。水を通さなかったり比較的柔らかく細部の加工が容易な笏谷石の性質や天主跡の虎口石段に敷かれた笏谷石の例を含めて推定すると、これらの破片は床材として地面に敷かれたものや水を受けたり溜めたりした容器の一部であったものと考えられます。地面には笏谷石以外に小豆状の細かい石が敷かれる場合もあったようです。

地面に敷かれていた小石

　この他に城内で出土した石製品としては碁石や敵を攻撃するための石弾といったものがわずかながらあります。

　以上のような安土城跡で出土した石製品から考えると、安土城の中は単なる戦いの場としてのみ造られたのではなく、食事や娯楽などの日常的な生活を行いつつ、行政に係わる事務の執務にもあたる場であったと言えるでしょう。

　安土城内では石垣、石塁といった石造施設の資材として石造物が使用されています。特に大手道やその東側の石塁には石仏・石造の塔の部品が多く使用されています。石仏の多くは石段踏石・通路の縁石として使用されています。石組溝の側壁に用いられている場合もあります。石造の塔のうち比較的大きな五輪塔等の基礎、塔の最下部に置かれる基壇は石垣の石材として用いられています。石垣の石材に転用されたこのような石造物は横向きや転地逆にして使用されている場合が多く見られます。一石五輪塔や小型の五輪塔の部品は石段の踏石に使用される場合が多く、特に大手道横道部には石造物が転用された踏石・縁石が多く見られます。この場所では一石五輪塔を踏石として転用する場合に、使いやすいようにその一部を壊していることが確認できます。この他には、石垣の裏込めとされたものや石垣内に作られた暗渠《あんきょ》の開口部に転用された石造物があります。

　石造物の転用には位置的な偏りが見られます。前述のように大手道、その東側の石塁、伝羽柴邸跡で多く見られるのに

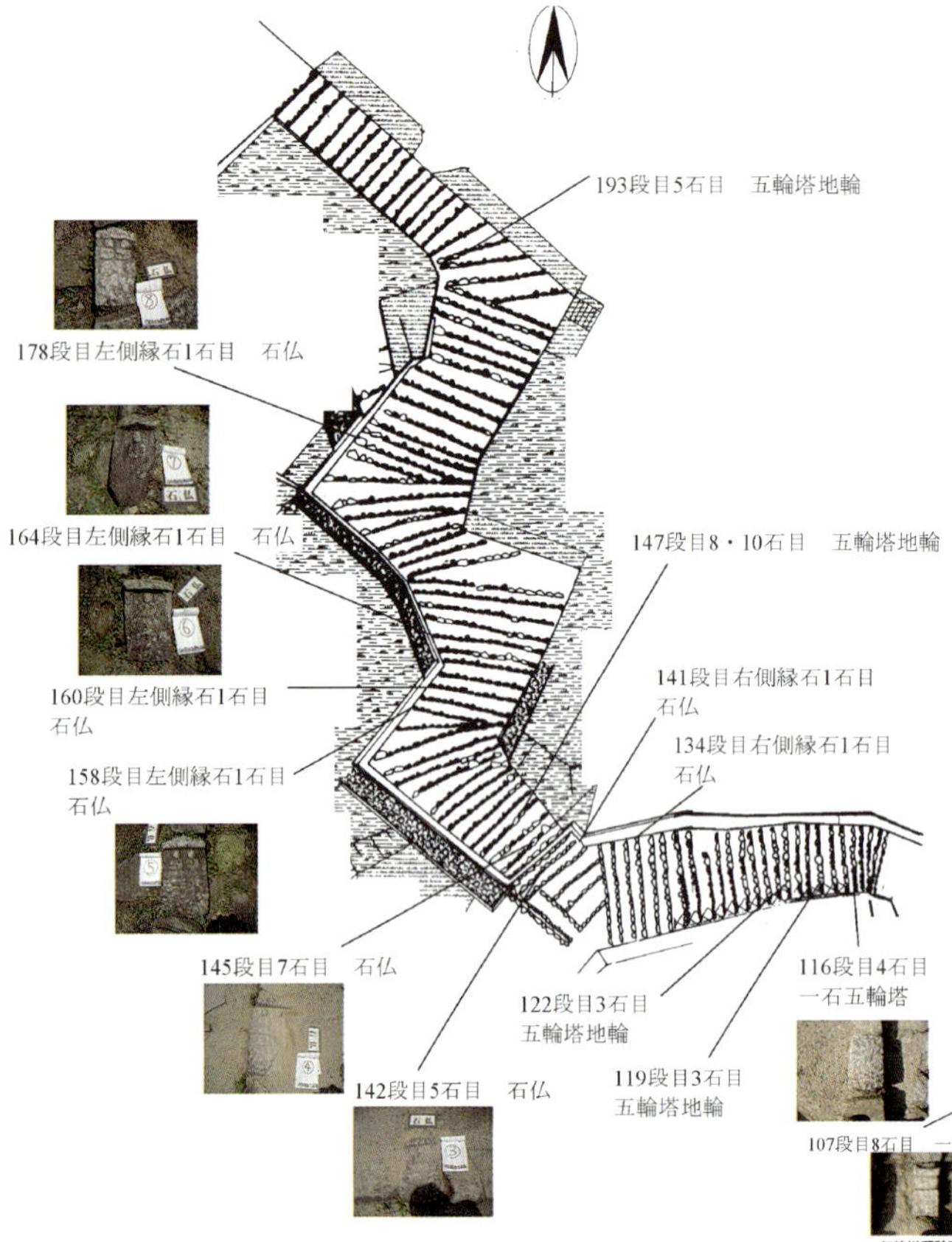
193段目5石目　五輪塔地輪
178段目左側縁石1石目　石仏
164段目左側縁石1石目　石仏
147段目8・10石目　五輪塔地輪
160段目左側縁石1石目
石仏
141段目右側縁石1石目
石仏
134段目右側縁石1石目
石仏
158段目左側縁石1石目
石仏
145段目7石目　石仏
122段目3石目
五輪塔地輪
116段目4石目
一石五輪塔
119段目3石目
五輪塔地輪
142段目5石目　石仏

大手道転用石造物配置図２

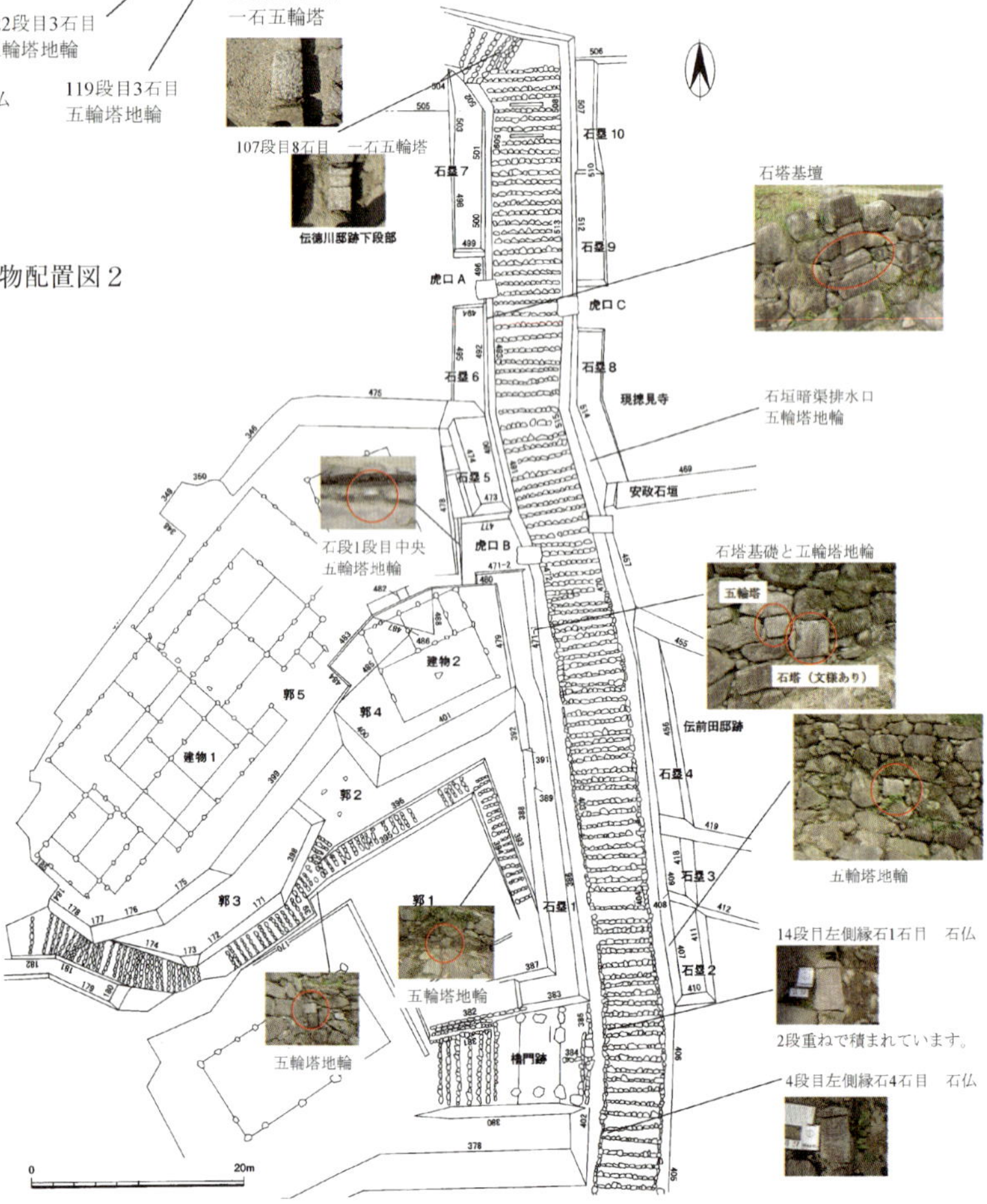
107段目8石目　一石五輪塔
伝徳川邸跡下段部
石塔基壇
虎口A
虎口C
石塁7
石塁10
石塁9
石塁6
石塁8
現摠見寺
石垣暗渠排水口
五輪塔地輪
石塁5
安政石垣
虎口B
石段1段目中央
五輪塔地輪
石塔基礎と五輪塔地輪
五輪塔
石塔（文様あり）
建物2
郭5
郭4
建物1
伝前田邸跡
石塁4
郭2
五輪塔地輪
郭3
郭1
石塁1
石塁3
石塁2
14段目左側縁石1石目　石仏
五輪塔地輪
五輪塔地輪
2段重ねで積まれています。
櫓門跡
4段目左側縁石4石目　石仏
0
20m

大手道転用石造物配置図１

大手道転用石造物配置図

石垣内の石造物

踏石に転用された一石五輪塔

踏石・縁石に転用された石仏

対し、大手道の西側の石塁にはわずかしか見られません。また、主郭部でもほとんど石造物の転用は確認することができません。この理由としては、瓦のように場所によって使用する石材を使い分けていた可能性や、築城期間の後の方の資材不足によることが考えられています。

なお、石造物の転用には織田信長の神仏への信仰心の無さや宗教勢力、特に仏教寺院に対する強硬な政策の影響を読み取る考え方があります。しかし、安土城築城の時代には城内に見られるような石造物はその製作が廃れつつあったこと、寺院でも石造物の転用が見られること、石造物の供出を積極的に命令した記録が見られないこと等から、石造物の転用と信長の宗教勢力に対する政策とは関係がないものと考えています。むしろ、安土城の築城の頃にはこのような石造物の転用は無意識のうちに行われた可能性を見出せ、このような事例からは中世から近世へ時代の移り変わりを見出すことができるといえるでしょう。

鉄製鋤先

建物に使用された鉄製建材

鉄製手斧（十能）

装飾された飾金具

その他の遺物

安土城跡では金属製品や木製品も出土しています。

金属製品には建物に使用されたものが大手道から主郭部を中心にした部分で多く出土しています。城内には様々な用途の建物が数多く建設されていたと考えられており、それらに使用されたものと推定されます。出土した物の中には木材をつないだり固定したりする形状や大きさの異なる各種の釘や鎹《かすがい》が多く占めますが、細かい装飾を持つ飾金具《かざりかなぐ》や錠前《じょうまえ》の部品、窓の開閉に用いる金具も含まれています。金属製品の材質は、鉄を用いたものがほとんどを占めますが、装飾や建具として使用された製品と考えられるものには材料に銅を用いる場合もあります。建物に使用する物以外の金属製品には、鉄製の鋤《すき》や鍬《くわ》といった土木作業に用いた道具や金槌《かなづち》や手斧《ておの》（十能《じゅうのう》）等の工具も出土しています。工具類は築城工事に用いたものと考えられますが、完成後も城内に備えられていた可能性が考えられます。

建材の出土状況

木簡

下駄

箸

　丘陵上という安土城跡の立地上、量はわずかなものとなりますが、木製品も発掘調査で出土しています。木製品が出土した場所は湖岸に近い搦手道の湖辺部や大手前にある内堀、伝前田邸跡内の木製の樋付近といった比較的土の中に水分が多く含まれた部分に限られています。

　種類としては、食事に使用する箸が比較的多く出土しています。断面が角になるものと丸になるものの二種類あることが確認できます。この他に漆塗りの椀、食器を並べるために用いる折敷《おしき》や多数の木片、下駄、石垣の基礎に転用された建材等が城内で出土しています。

　木製品で特筆できるものとしては、搦手道湖辺部で出土した木簡があります。この木簡には両表面に「二斗五升　市郎兵へ／又三郎」「卯月十日　本郷」と墨で書かれています。その内容から何かに付けられていた荷札と考えられます。城内に運び込まれた物資に付けられたものかもしれません。このような木簡の出土から搦手道は物資を搬入する機能を持つ通路であった可能性を推定できるのです。

五大種子塔残欠

「多門天王」銘板碑

永禄２年銘石標

格狭間の浮彫を持つ石材

寄せ集め塔

安土城以前の遺物

安土城が築城される以前にも安土山は人間の活動の場であったようです。城内出土の遺物の中には戦国時代を遥かに遡る時代の遺物が含まれています。人間活動による明確な遺物には尾根道の造営によって破壊・埋没された古墳の副葬品があります。発見された組合せ石室の内部には鉄刀、須恵器の破片が残されていました。この他に古墳時代の遺物としては円筒埴輪も出土しています。

古文書や山内の地名から安土山には築城以前、寺院があったことが推定されています。山中で石造物が散乱する場所が確認されていることからも寺院の存在の可能性を高めています。

調査時に発見された、あるいは現在も城内に残る石造物の中にもかつて存在したらしい仏教寺院に関連するものが多数あります。このうち、方角等に関連するものは寺域を示していた可能性があり、築城以前は安土山の多くの部分を寺院が占めていたのかもしれません。

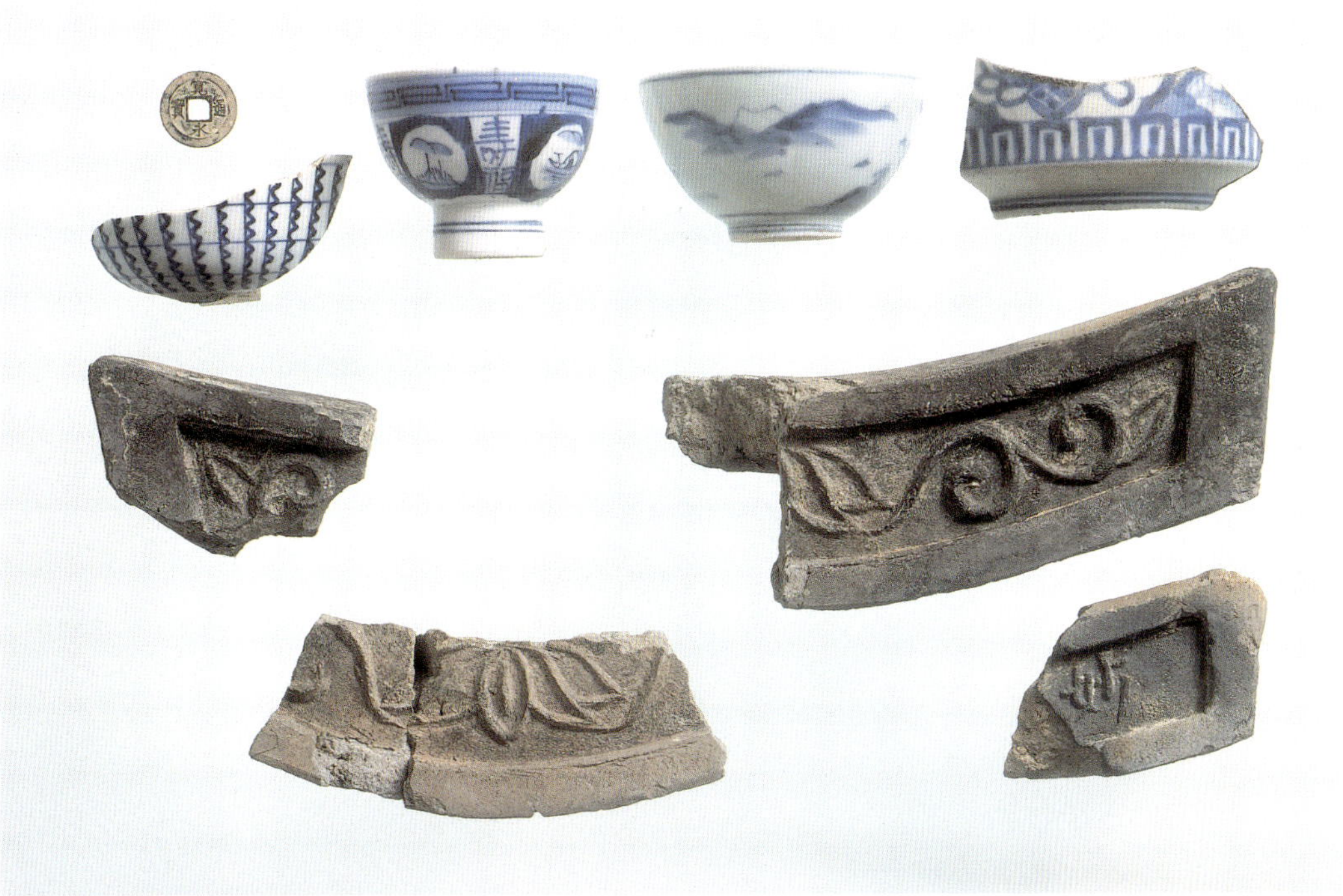
旧摠見寺跡出土遺物

プルトップ・穴開け具

安土城廃城以後の遺物

天正一四年（一五八六）に安土城が廃止された後、城内の建物は摠見寺を除いてすべて無くなったようです。しかしながら、城内にはこの後もいろいろな形で人々が物を残していきました。

廃城後に利用されていた旧摠見寺跡や田畑として開墾された安土山南面の山裾の郭では江戸時代の陶磁器や瓦が出土しました。摠見寺仮本堂の下にある伝前田邸跡では、幕末から近現代までの遺物が出土しました。幕末の焼失によって移転・再建された仮本堂付近から、ここに向かって不要になったものを捨てられたためと考えられます。天主跡周辺からは飲料のガラス瓶や缶の一部、茶碗といった明治時代以降の近現代の遺物が発見されました。人々の物見遊山等により捨てられたものが残されていたと考えられます。

安土城下町

中世から存在する二つの神社　活津彦根神社（上）と新宮神社（下）

安土城下町の歴史

信長は安土築城の翌天正五年（一五七七）六月、安土城下町宛に有名な楽市楽座の掟書を出しています。このことから、ほぼ築城と同時に城下町の建設を行ったことがうかがえます。

安土城下町は、安土山南西の南北に細長く延びる台地上に建設されました。このあたりは、中世には薬師寺領の荘園豊浦庄があったところです。現在も安土町内に残る神社には中世にまでその起源がさかのぼるものが少なくありませんが、こうした神社の存在は安土城下町以前の集落の存在を示唆しています。

したがって信長は、全くの更地にニュータウンを建設したのではなく、既存の集落を整備再編して城下町を建設していったのです。しかしその整備再編の具体的なあり方については文献資料や発掘調査事例が少なく、明らかではありません。今後の調査研究の進展が期待されます。

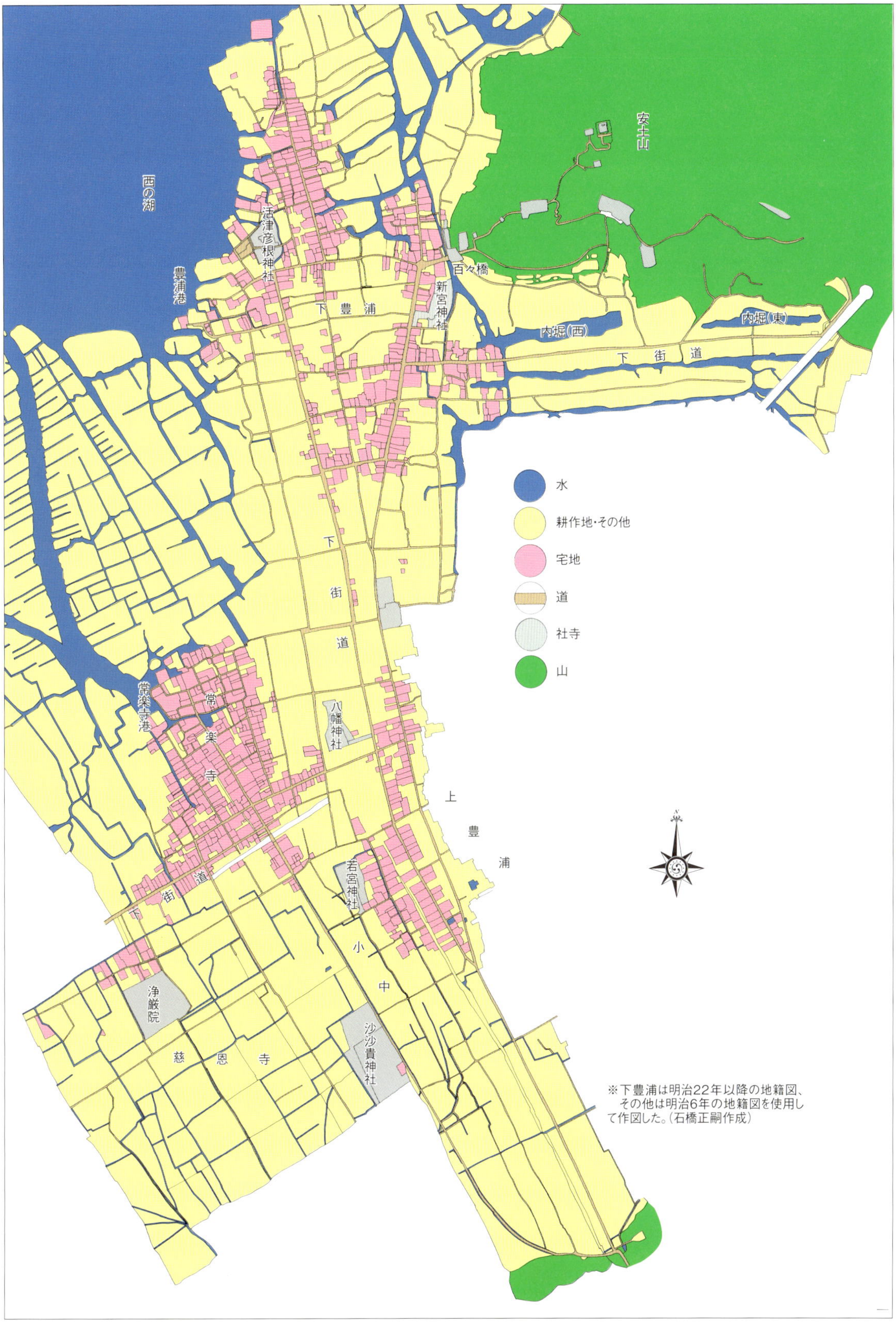
西の湖
安土山
活津彦根神社
豊浦港
百々橋
新宮神社
下豊浦
内堀(西)
内堀(東)
下街道
下街道
水
耕作地・その他
宅地
道
社寺
山
常楽寺港
常楽寺
八幡神社
上豊浦
若宮神社
下街道
浄厳院
小中
沙沙貴神社
慈恩寺
※下豊浦は明治22年以降の地籍図、
その他は明治6年の地籍図を使用し
て作図した。(石橋正嗣作成)

安土城下町全図（明治期）

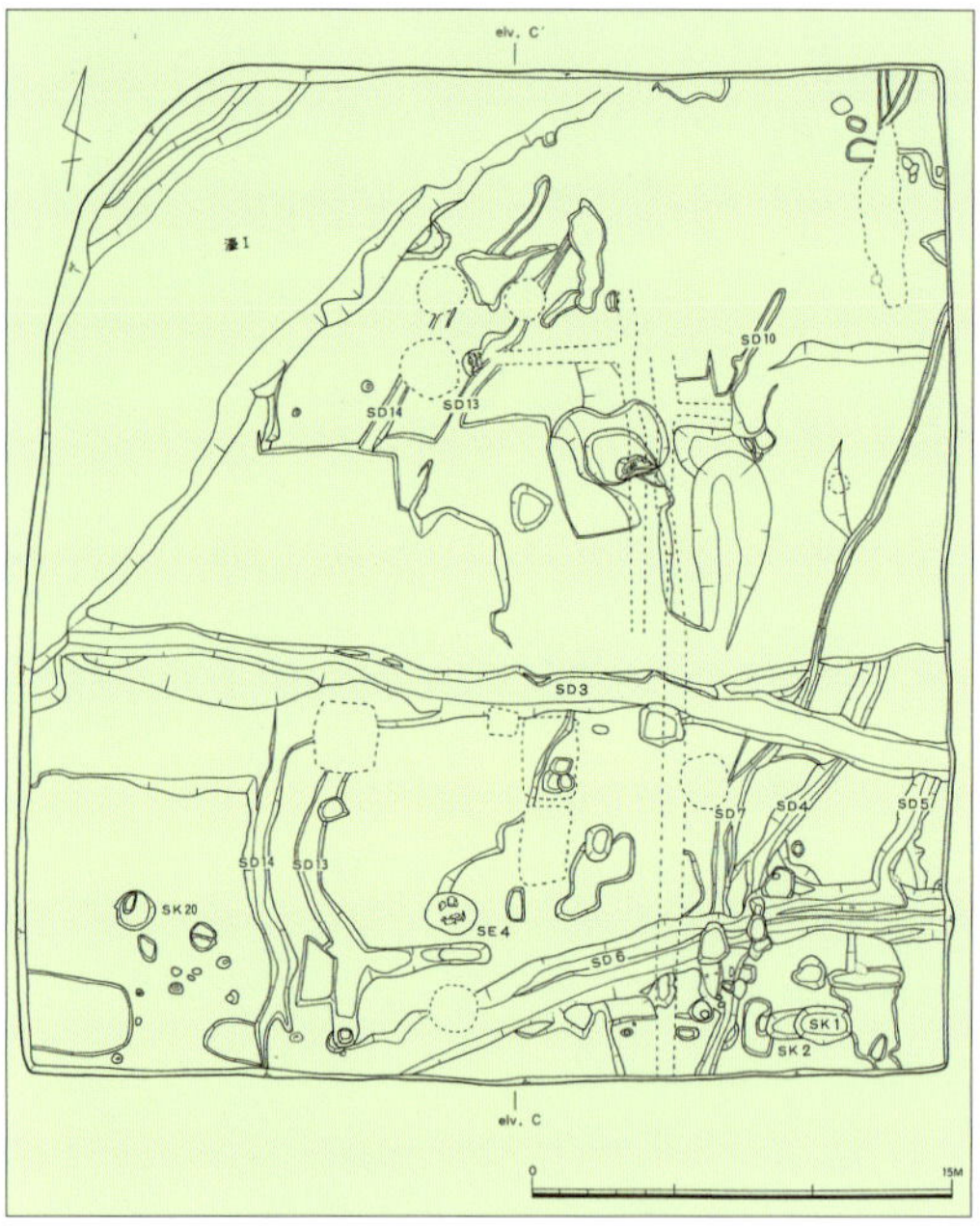

十七地区６次調査検出遺構図（城下町以前　『十七遺跡（Ⅵ）発掘調査報告書』より）

十七地区６次調査出土遺物（安土町教育委員会蔵）

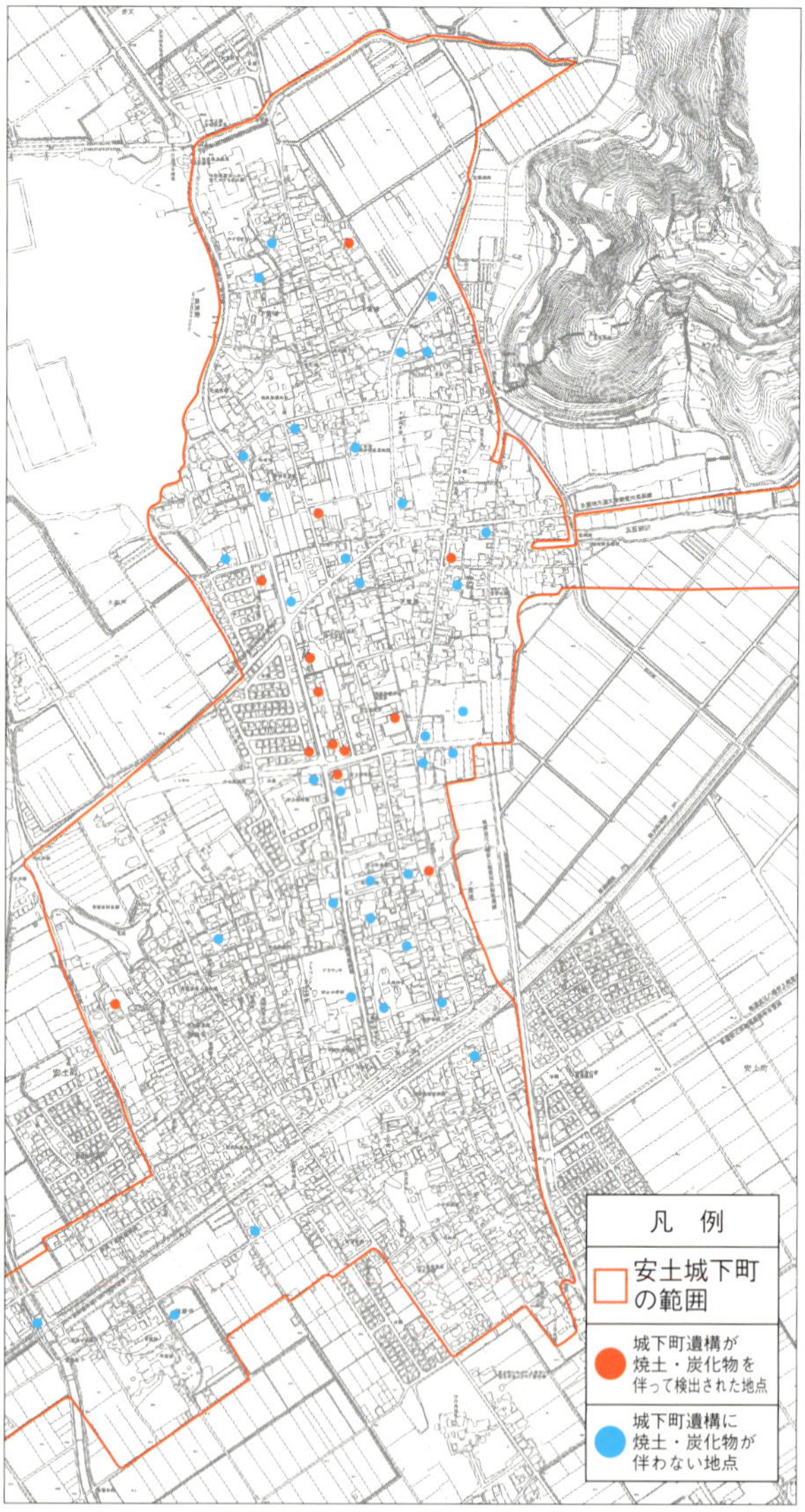

城下町遺構検出地点図（赤線が城下町の範囲　赤丸は焼土・炭化物を含む遺構　青丸は焼土・炭化物を含まない遺構　『安土城・1999』より）

安土城下町遺跡の発掘

安土城下町遺跡には現在も人々が生活をしており、広い面積を発掘することは困難です。しかし、小面積ではありますが、安土城下町の成立や構造を考える上で、重要な成果があがっています。

中でも、下豊浦十七地区（現安土郵便局）で実施された発掘調査では、城下町でのくらしをほうふつとさせる遺構や遺物が検出されてます。埋甕・井戸・区画溝・枡溜（便所）といった町屋に伴う遺構が検出され、また木舞竹を組んだ土壁が見つかっています。これらによると、当時の町屋は土壁を持つ礎石建物で、敷地内に井戸と便所を持っていたことがわかります。また、町屋遺構の下部からは人骨付の鎧が出土しており、城下町以前の様子をうかがう手がかりともなっています。

十七遺跡の調査では、城下町に先行する時代の遺構が発見されたことも注目されます。それによると、城下町以前には条里方向の溝があったことが確認されま

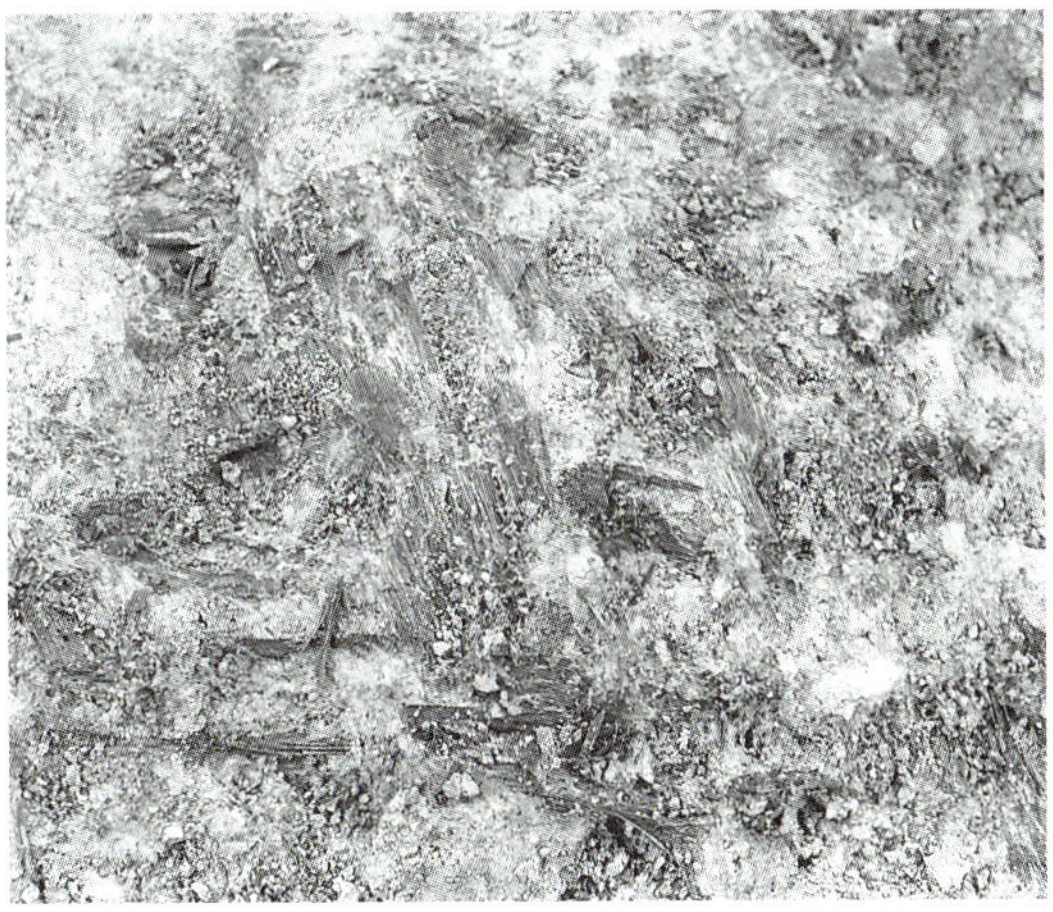
検出された「木舞竹」と「土壁」

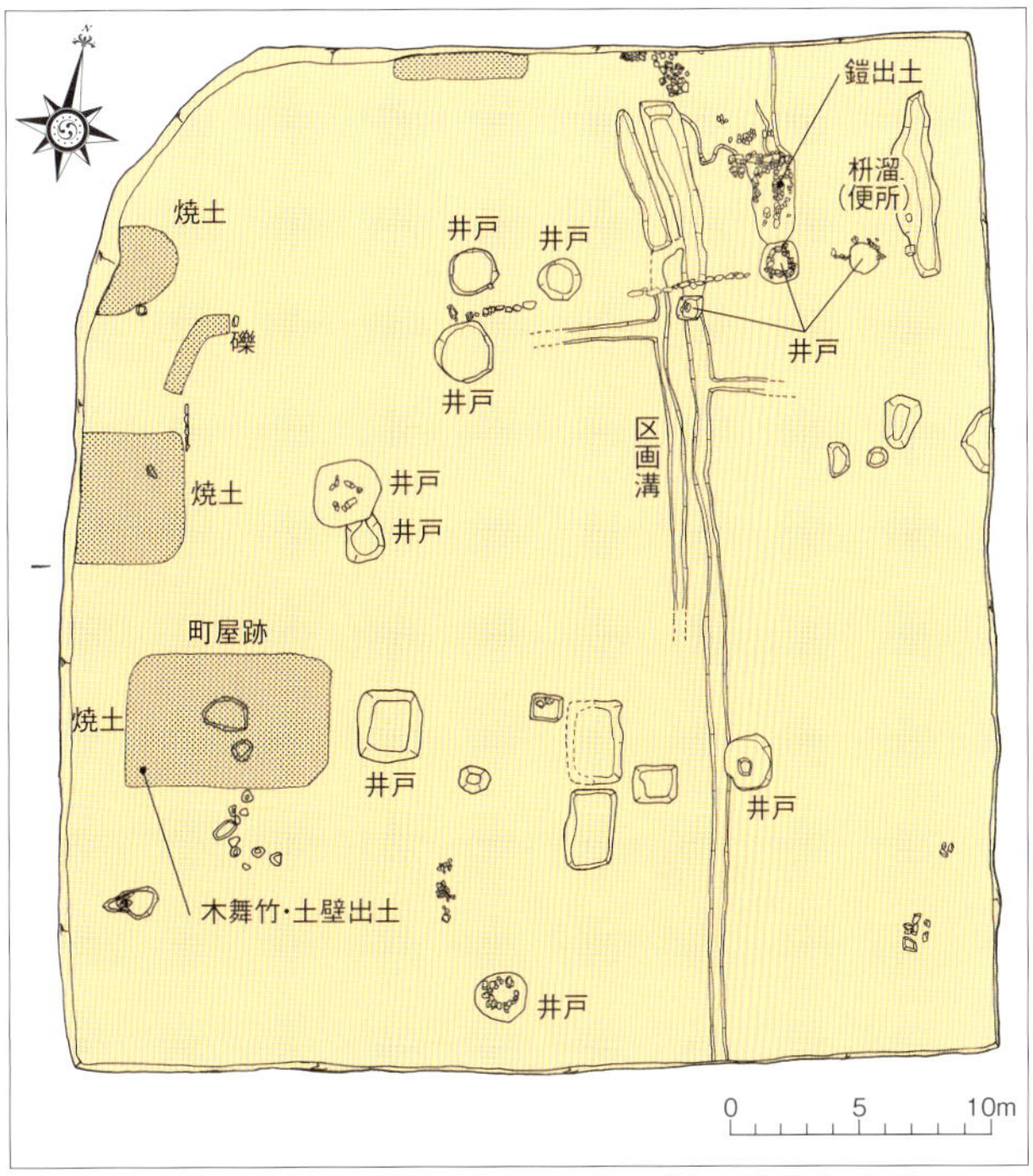

十七地区６次調査検出遺構図（城下町期　『十七遺跡（Ⅵ）発掘調査報告書』より）

十七地区１次・２次・４次調査出土遺物（滋賀県教育委員会蔵）

鎧（草摺）（安土町教育委員会蔵）

した。城下町時代には下豊浦付近には条里方向とは異なる町割が施されていることから、信長が城下町建設にあたってそれまで存在した条里方向の地割を破壊して、新しい町割を創出したものと理解されてきました。しかしながら、中世から存在した神社の参道が、すでに城下町時代の町割と同じ方向に通っており、また城下町以前に条里地割が存在したことを裏付けるほどの発掘調査成果があがっていないことから、城下町の町割がどのように成立したかについてはいまだ決着がついていません。

　この他、遺物としては天目茶碗・茶入れなどの茶道具や花器・香炉、輸入陶磁器類などが出土しており、城下町でのくらしが物質的にも文化的にも豊かなものであったことがうかがえます。

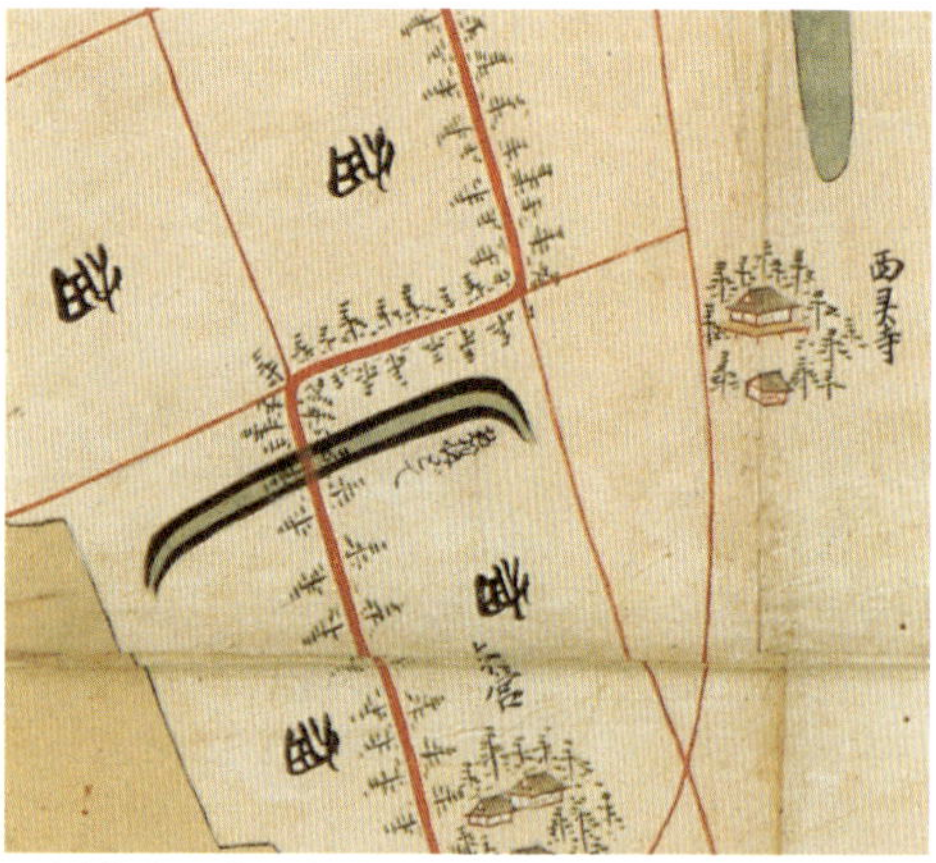

江州蒲生郡豊浦村与須田村山論立会絵図「惣構どて」部分（個人蔵）

「惣構どて」推定地（現安土町公民館付近）

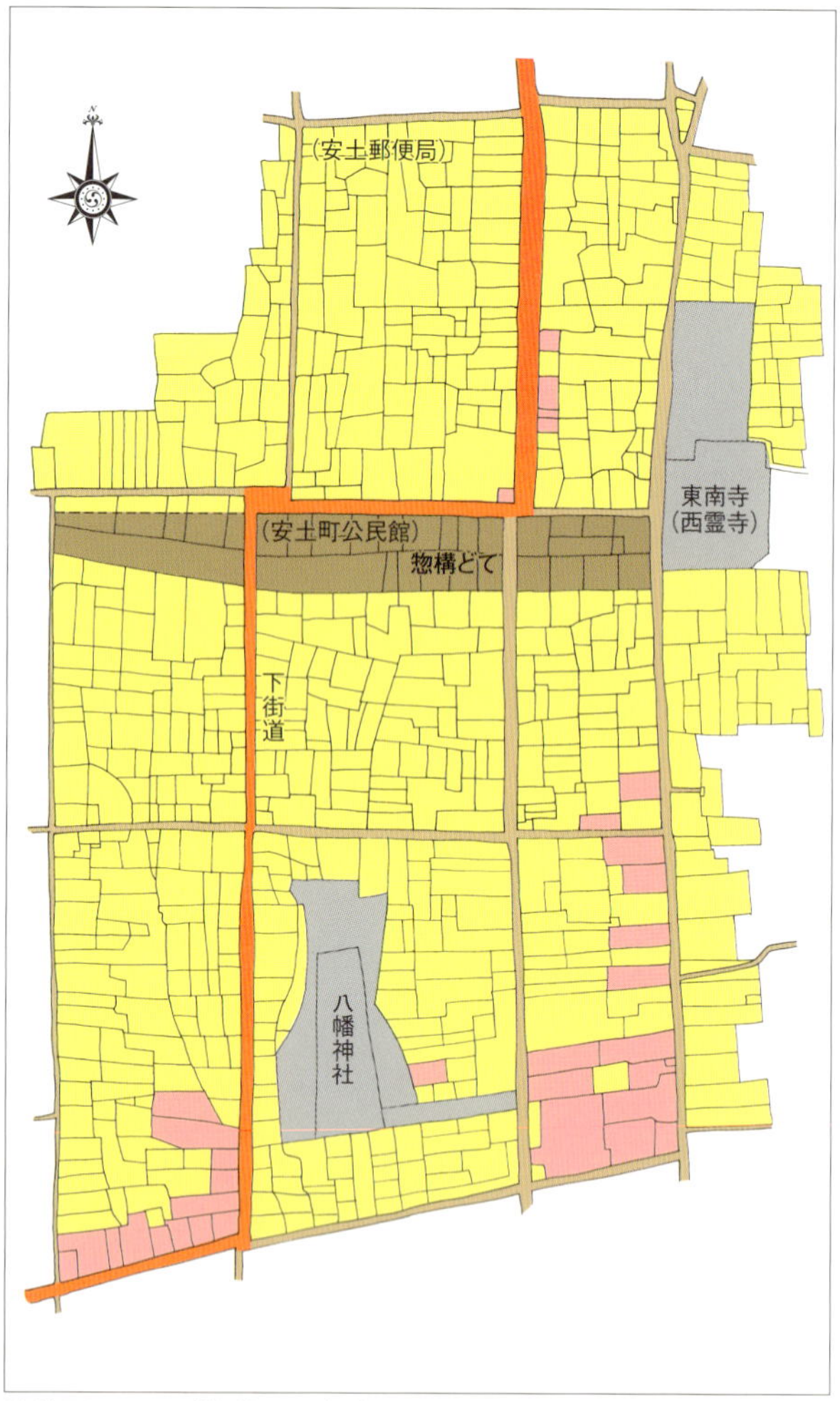

地籍図にみる「惣構どて」（明治22年以降の地籍図・部分）

「惣構《そうがまえ》どて」の発見

元禄時代の安土を描いた絵図に「惣構どて」と記された土手状の描写があります。現在の安土町公民館の南にあたる場所で、安土町大字下豊浦と上豊浦の境界付近です。現在は痕跡すら残っていませんが、別の古文書にもこれと同じ記述があったことから、こうした土手の存在は認められるでしょう。この土手を信長時代までさかのぼらせることが出来るかどうかは難しい問題ですが、もしそうであるなら、この土手は安土城下町の構造を考える上で重要な問題を投げかけています。

従来、戦国期の城下町には町全体を囲う惣構と呼ばれる防御施設があり、近世になるとそうした施設はなくなるとされていました。近世城下町の出発点とされる安土城下町については惣構は存在しないといわれていましたが、「惣構どて」をそうした惣構として理解するとこれまでの評価が大きく変わることになります。

中世以来の港・常楽寺港船入跡

安土城下町の西の端・浄厳院本堂（重要文化財）

安土城下町の構造

安土城下町の範囲については、『信長公記』の記述や地形などから、現在の安土町大字下豊浦・上豊浦・常楽寺《じょうらくじ》・慈恩《じおん》寺《じ》にあたると考えられます。城下町の構造の特徴としては、町割の軸線が大きく三方向に分かれることがあげられます。もっとも西側の常楽寺・慈恩寺地区については蒲生郡条里の方向に、城下町の中心部分である下豊浦ではそれより東に軸線が振れ、もっとも東に位置する新町地区ではさらに東に振れています。

このような町割のあり方についてはこれまで、城下町以前に存在した条里地割を破壊して新しい町割を施したからとされていました。しかし、中世以前から存在する神社の参道がこの町割の軸線と一致することから、城下町以前にすでにこうした町割の軸が出来ており、信長はそれを基準に町割を施したのであって、新しい町割を創出したのではないとする説が出されています。

また「惣構どて」については、その位置が城下町の外周ではなく真ん中に位置するため、戦国期城下町の惣構と同様に考えられるかどうかは議論が分かれています。一つは、「惣構どて」を境にして、南側の上豊浦では城下町時代の遺構密度が低くなることから、この「惣構どて」より内側が城下町（内町）であり、外側に位置する常楽寺・慈恩寺地区は、古い中世集落をそのまま残した外町であるとする、戦国期城下町の二元的な構造が安土城下町にも見られるとする考え方です。

今一つは、あくまで常楽寺・慈恩寺を含めて一体的な城下町であり、「惣構どて」は城下町の内部を二分するものであるとする考え方です。近世城下町は身分別に居住エリアが分かれており、城下町の内部が分かれていますが、安土城下町についてもそうした城下町内部の区分と理解するのです。

いずれにせよ仮定や推論の部分が多く決着するにはいたっていません。城下町については、まだまだ分からないことが山積みです。

安土城の構造

伝黒金門跡

石垣〜幻の穴太積《あのうづみ》

高石垣の上にそびえ立つ高層の天守。これは今日我々が城としてイメージする一般的な姿ですが、歴史上初めて登場したこのような城が安土城です。最近、城跡の発掘調査が全国で盛んに行われ、安土城以前の石垣が各地で発見されています。しかし、それらは城の一部でしかなかったり、高さも低く、小振りな石を使うなど、安土城のように全体を石垣で覆い尽くすにはいたっていません。やはり、城郭への石垣の本格的導入は安土城からといってよいでしょう。

ところで、安土城の石垣といえば穴太積が連想される様に、穴太積という言葉は広く一般に定着しています。しかし、実際穴太積とはどういう積み方かといわれると、それにはっきり答えられる人はいません。一般的には、穴太（現滋賀県大津市穴太）に住む石工たちが信長によって安土築城に動員され、それをきっかけにやがて全国の城づくりに携わる様になったと理解されており、加工しない石を用いた石積がその特徴のようです。しかしながら実際に安土城の石垣を穴太の石工が積んだとする資料はどこにもなく、また信長時代に穴太の石工が積んだ石垣というのも見つかっていません。したがって基準となる穴太積の石垣というのはこの世には存在しないのです。このような通説とされている穴太積の話は、先祖の出自について語った江戸期の由緒書の中で触れられているにすぎません。

では実際に安土城の石垣を積んだのはどういった人たちだったのでしょうか。馬淵・岩倉（現近江八幡市）の石工や、安土城に隣接する近江守護六角氏の居城観音寺城の石垣普請に携わった金剛輪寺《こんごうりんじ》の石工など、各地に様々な石工がいたことが確認されています。安土城の石垣普請にはこうした石工が広く動員されていたと考えられるのです。

伝羽柴邸通路石垣（五輪塔地輪を転用）

模様積み石垣（大手周辺西枡形虎口西壁）

伝前田利家邸跡　出隅と入隅

内堀石垣胴木

城内の石垣の諸相

安土城の石垣の基本は自然石を使うことですが、石の大きさについては各所で様々です。もっとも大きな石が集中しているのが伝黒金門跡です。ここは主郭部へ入っていく重要な入り口で、あえて巨石を使用して訪れるものに圧迫感を与えたのだと考えられます。

自然石の他、石塔や石仏などの転用石も使われています。宝篋印塔《ほうきょういんとう》などの石塔類は主として石垣に、石仏は主として石段に使われています。一部には石仏の使用から信長が無神論者であると主張する人もいますが、信長が宗教を否定した事実はなく、あくまで石材としての使用に過ぎないことは明らかです。

特殊な積み方としては、大手周辺の石塁や西枡形虎口で見られる「模様積み」と仮称した、大石を等間隔に並べ、その間を小振りな石で埋めていく積み方があります。また内堀の石垣には基礎に胴木が用いられています。軟弱地盤に石垣を築く際に用いられる方法です。

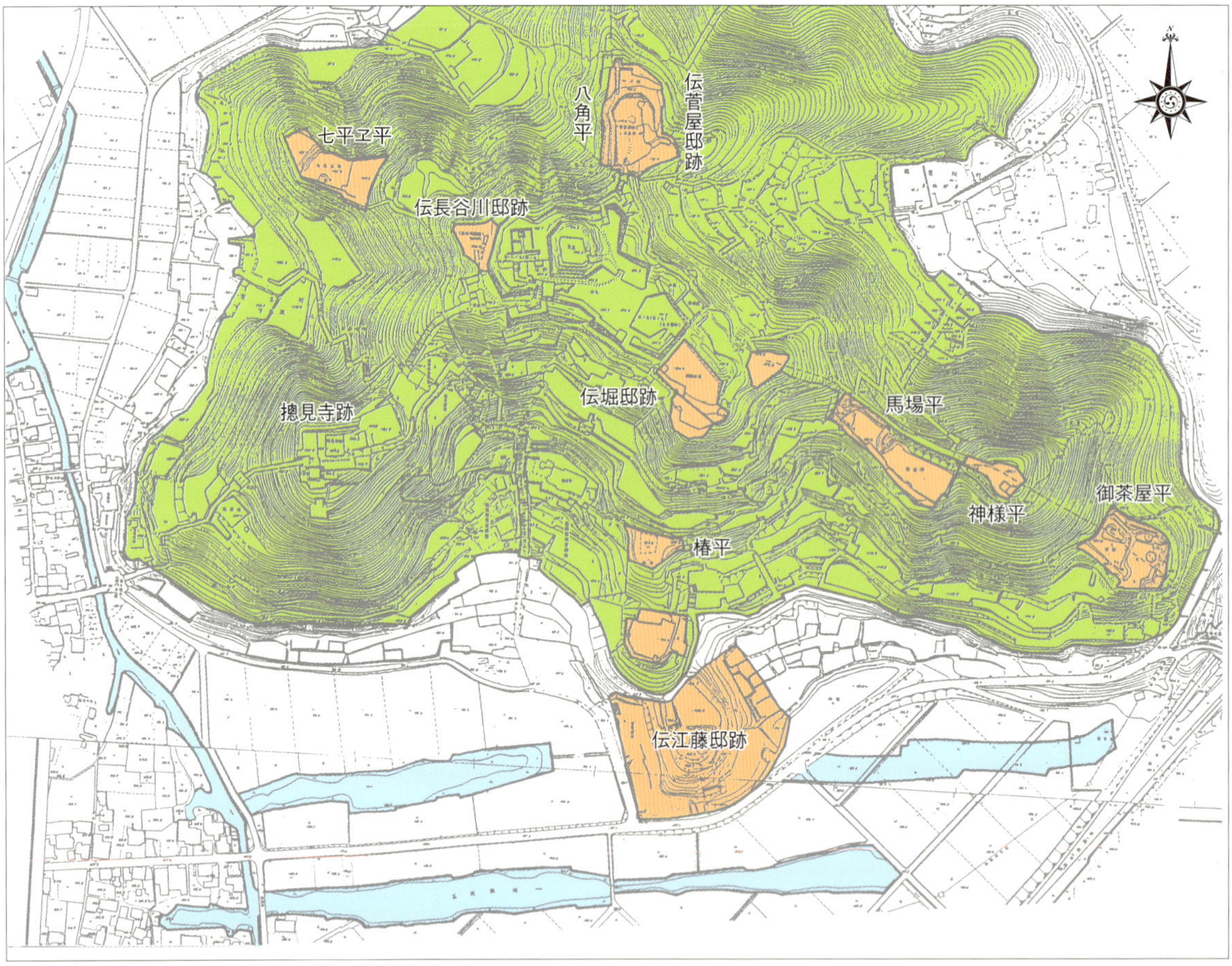

特別史跡安土城跡平面図（色は砦状の郭）

安土城の空間構成

安土城全体の空間構成を考えた時、大きく山上・山腹・山麓の三つの地域に区分することができます。山上の主郭部分は、伝黒金門からつづく石垣によって囲われた部分で、信長の居住部分を含む、いわゆる「信長の城」にあたります。山腹部分はその外側、伝羽柴秀吉邸跡・伝前田利家邸跡南面の高石垣につながる石垣によって囲われた部分で、宣教師の記述から家臣たちの屋敷地にあたると考えられます。山麓部分はその外側で、城の内外を画する防御を主眼としたエリアにあたると考えられます。

こうした全体構成とは別に、特徴的な郭として「〇〇平」という伝承を持つ郭があげられます。安土山は南北に長い二等辺三角形の形状をしており、山上の主郭部から大きく北、南東、南西の三方向に尾根が伸びて、その間を北東、南、北西に支尾根が伸びています。「〇〇平」と呼ばれる郭は、これらの尾根上に立地し、櫓的な施設を備えた、防御を主眼と

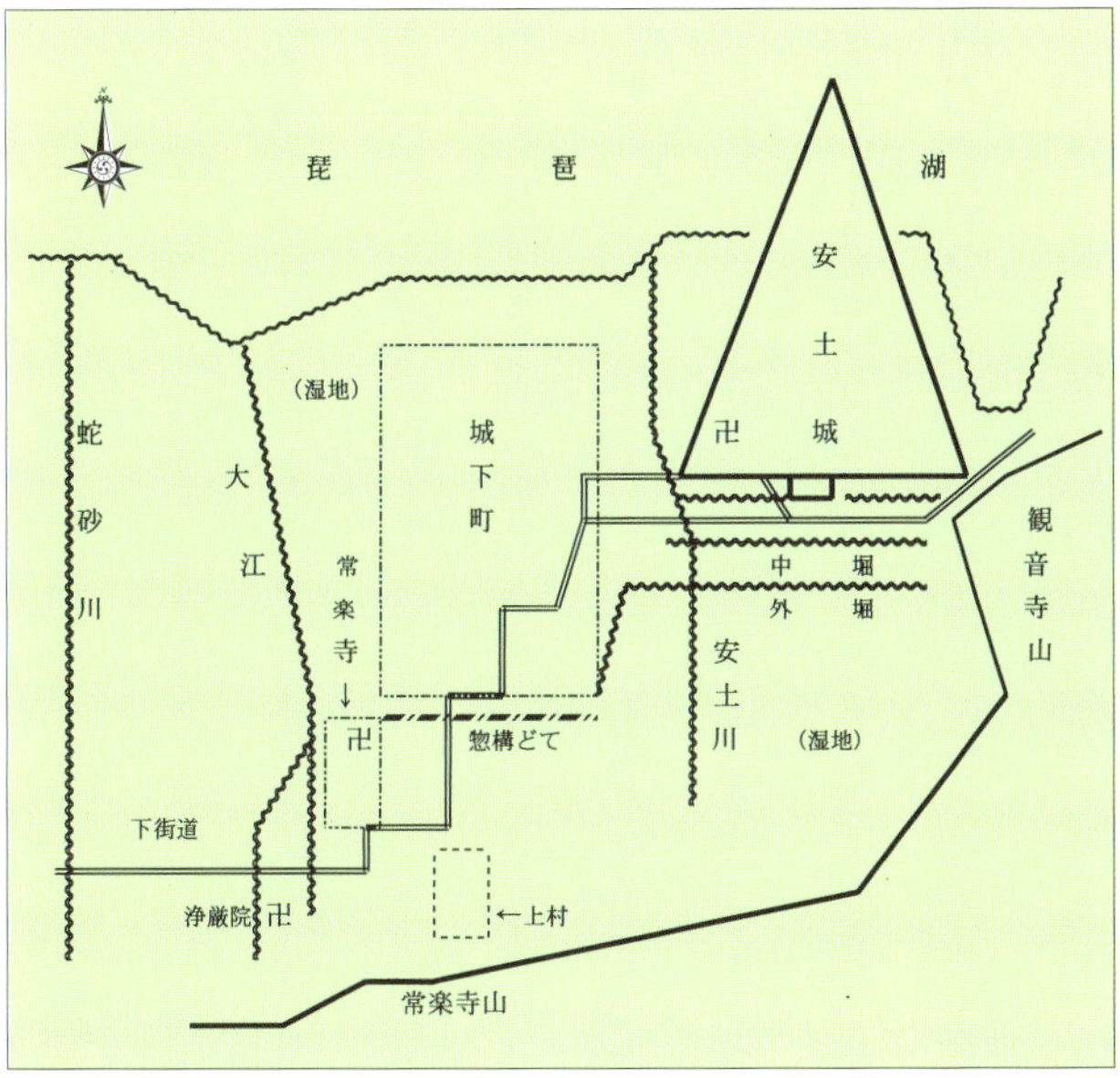

都市・安土の概念図

空から見た安土城と城下町

した砦機能を持つ郭群と考えられます。

　また安土山南面を見渡した時、大手周辺を挟んで東と西で大きく構造が異なることが分かります。大手より東側は、南東の尾根筋上に位置する馬場平、御茶屋平からその南側に雛壇状に小さな郭が多数展開し、蓮池地区につながります。蓮池地区は伝江藤邸跡とも密接につながりながら、安土山南面の防御を意識した構造となっています。つまり主郭より南東に伸びる尾根筋と南へ伸びる支尾根に挟まれたエリアは、城の南面を通る下街道に対する防御を念頭においた地区ということができます。

　それに対して大手より西側は、主郭より南西に伸びる尾根（百々橋口道）上に摠見寺跡が存在する他は目立った郭がありません。また、石垣でふさがれていると思われていた、大手口から百々橋口にかけての山麓の石垣の途中から、防御性の低い虎口が発見されました。このように、大手の東側と西側とでは安土山南面部分における防御に対する意識の違いが際だっています。

　こうした差が生まれる要因としては、安土山の立地が関係していると思われます。安土山の東側は北腰越峠を経て繖山に続いており、安土山の南面を通る下街道が北腰越峠を経て東に伸びています。一方安土山の西側には城下町が広がっています。つまり安土山の防御を考えた場合、西側は城下町が防御壁となっているのに対し、東側にはそうした緩衝帯が存在しません。そのことが安土山の南東エリアを防御意識の高い空間にしたのではないでしょうか。

　これらをふまえ、安土城と城下町を含めた都市安土の全体構造を考えてみましょう。東は北腰越峠を経て繖山に接する部分を安土山南東部分の防御施設で守り、西は城下町の西方を流れる蛇砂川と大江川、城下町内部の惣構どて、城下町と安土山の境を流れる安土川と幾重にも防御ラインが設定されています。一方北は内湖に接し、南は堀を経て湿地帯が広がるなど自然地形によって守られています。自然地形と都市計画を巧みに利用し、安土という町は形作られているのです。

特別史跡 安土城跡の保存・整備

安土城跡は、大正一五年（一九二六）一〇月二〇日に史蹟指定、昭和二七年（一九五二）三月二九日に特別史跡指定を受けました。また、昭和三年（一九二八）には滋賀県は管理団体として指定されました。

大手付近の整備状況

大手道の復元整備状況

安土城跡の史跡としての整備は、昭和四年（一九二九）の標石等の設置から始まり、昭和六年（一九三一）には伝二之丸跡復旧工事、城内通路の改修を中心とした大規模な工事が実施されました。昭和一五・一六年（一九四〇・四一）には発掘調査を実施した後、崩れた石垣の部分的な修復、検出遺構の現物展示ための整備が行われました。その後、昭和三五～五〇年（一九六〇～七五）には、石垣の修理を主体とした主郭部の整備を行ないました。

平成元年（一九八九）度からは、安土城跡の実体解明とその成果に基づく城跡の環境整備を目的とした、二〇年にわたる特別史跡安土城跡調査整備事業を行いました。

平成の環境整備事業は安土城跡の発掘調査によって発見された成果を分かりやすく示しながら保存し、活用を図ることを目的として実施しました。実施にあたっては、遺構を大切に保存することを基本として、できるだけ廃城時の姿を留めておくよう配慮し、現状に即した整備

伝羽柴秀吉邸跡の整備状況

復元された大手道七曲部

大手石塁東側の整備状況

伝前田利家邸跡の整備状況

大手～百々橋口間の整備状況

大手石塁西側の整備状況

を行い、復元については必要な部分のみ行いました。原則として、本来の姿がどのような状態であったのか判明しない箇所は復元せず、失われた部分が推定できる箇所についても、復元する場合はその部分が推定によるものであることが明確にわかるようにしています。

　事業はその大部分を大手道一帯で実施しました。主郭部や旧摠見寺境内・百々橋口・搦手道については現状のまま保存できると判断したため、復元整備工事は実施しませんでした。整備のための工事は平成四年度より始まり、大手道に造られた石階段、大手道両側の側溝や石塁、周辺郭の石垣、礎石等の遺構復元に九年の期間がかかりました。続いて、大手周辺部の石塁、五ヵ所の虎口、東西の上段郭、通路、広場等の整備を六年かけて実施しました。平成一九年（二〇〇八）度に南面山裾部の整備にとりかかり、石垣と二箇所の虎口の整備等を行い、復元整備工事を終了しました。

安土城・城下町関連文献目録

1. 論文

編著者名	書名・論文名	発行・掲載誌	発行年
朝尾直弘	「将軍権力」の創出(1)(2)(3)	『歴史評論』241・266・293	一九七一・一九七二・一九七四
足利健亮	信長、秀吉、家康の城と城下町―歴史地理学と考古学・歴史学	京都府埋蔵文化財情報53・54	一九九四
粟野秀穂	安土山御天守の次第	史蹟と古美術1―5	一九二八
安野真幸	安土楽市令と伝馬制度	弘前大学教育学部紀要91	二〇〇四
安野真幸	安土山下町中宛信長朱印状	弘前大学教育学部紀要93	二〇〇五
石橋正嗣	「天皇行幸」から見た安土築城について	(滋賀県安土城郭調査研究所)研究紀要10	二〇〇四
岩橋隆浩	安土城本丸の礎石建物について	織豊城郭8	二〇〇一
岩橋隆浩・植田弥生・新山雅広	安土城跡搦手道湖辺部の調査における自然科学分析	(滋賀県安土城郭調査研究所)研究紀要8	二〇〇二
内堀信雄	岐阜城の石垣について	織豊城郭11	二〇〇七
梅原末治	近江安土山麓出土の鬼板の復原	史迹と美術21―3	
大沼芳幸	安土城石垣ノート―調査整備からの雑感	(滋賀県安土城郭調査研究所)研究紀要3	一九九五
大類伸	安土城と大阪城	鳥羽正雄博士古稀記念『日本城郭史論叢』雄山閣	一九六九
小和田哲男	明智軍記にみる織田信長と安土城	城郭5―2	一九六三
小和田哲男	安土城と城下町	城郭5―6	一九六三
勝俣鎮夫	楽市場と楽市令	『論集 中世の窓』吉川弘文館	一九七七
勝俣鎮夫	楽市場―「聖域」の内と外―	『週刊朝日百科日本の歴史28 楽市と駆込寺 アジールの内と外』朝日新聞社	一九八六
勝見孝彦	安土城跡出土遺物に関する覚え書き(2)屋敷ごとの様相―伝武井夕庵邸跡、徳川家康邸跡とその周辺	(滋賀県安土城郭調査研究所)研究紀要2	一九九四
勝見孝彦・小竹森直子	特別史跡安土城跡発掘成果抄	近江の城44	一九九四
加藤理文	金箔瓦使用城郭から見た信長・秀吉の城郭政策	織豊城郭2	一九九五
加藤理文	天守編年―形態・位置からの可能性	織豊城郭5	一九九八
加藤理文	織豊期城郭の瓦	考古学ジャーナル442	一九九九
加藤理文	織田信長の城郭政策	織豊城郭10	二〇〇三
加藤理文	瓦の普及と天守の出現	小野正敏・萩原三雄編『戦国時代の考古学』高志書院	二〇〇三
兼康保明	安土城跡の石造美術(1)(2)	民俗文化377・380	一九九五
木島孝之	織豊系城郭における虎口プラン変遷案作成の試み―千田嘉博「織豊系城郭の構造」の研究視点を継承して	愛城研報告5	二〇〇〇
北垣聰一郎	伝統的石積み技法の成立とその変遷	奈良県立橿原考古学研究所紀要 考古学論攷22	一九九九
城戸久	安土城天守復原についての諸問題	日本建築学会研究報告20	一九五二
木戸雅寿	伝羽柴秀吉邸の発掘調査について	近江の城36	一九九〇
木戸雅寿	特別史跡安土城跡(伝羽柴秀吉邸)発掘調査概要報告	日本歴史508	一九九〇
木戸雅寿	安土城跡発掘調査の成果と今後の課題	日本史研究369	一九九三

木戸雅寿	安土城跡出土の信楽焼すり鉢について	（滋賀県安土城郭調査研究所）研究紀要2	一九九四
木戸雅寿	安土城出土の瓦について—特にその系譜と織豊政権における築城政策の一端—	織豊城郭1	一九九四
木戸雅寿	安土城出土瓦と南都系寺院の瓦の文様について	（滋賀県安土城郭調査研究所）研究紀要3	一九九五
木戸雅寿	織豊期城郭にみられる桐紋瓦・菊紋瓦について	織豊城郭2	一九九五
木戸雅寿	石垣構築順序からみた安土城の普請について—伝羽柴秀吉邸を中心として—	（滋賀県安土城郭調査研究所）研究紀要4	一九九六
木戸雅寿	安土城惣構の概念について(1)(2)	（滋賀県安土城郭調査研究所）研究紀要5・6	一九九七・一九九八
木戸雅寿	寺院の瓦から城郭の瓦へ—中近世瓦研究の現状と課題—	帝京大学山梨文化財研究所研究報告8	一九九七
木戸雅寿	近年石垣事情—考古学的石垣研究を目指して—	織豊城郭4	一九九七
木戸雅寿	安土城の天主台と本丸をめぐって	織豊城郭5	一九九八
木戸雅寿	道・虎口・門とその空間構造について—安土城の場合—	織豊城郭6	一九九九
木戸雅寿	織豊期城郭の石垣	考古学ジャーナル442	一九九九
木戸雅寿	安土城が語る信長の世界	駿府城をめぐる考古学	一九九九
木戸雅寿	織豊期城郭出土土器を考える—近江の城郭を例として—	織豊城郭7	二〇〇〇
木戸雅寿	『信長公記』にみる信長と琵琶湖	（滋賀県安土城郭調査研究所）研究紀要7	二〇〇〇
木戸雅寿	近江における織豊期城郭の礎石建物について	織豊城郭8	二〇〇一
木戸雅寿	出土瓦の刻印・線刻紋からみた安土城の工人について	（滋賀県安土城郭調査研究所）研究紀要8	二〇〇二
木戸雅寿	安土城が語る信長の世界	千田嘉博・小島道裕編『天下統一と城』塙書房	二〇〇二

木戸雅寿	信長の瓦　そのデザインとセンス	千田嘉博・小島道裕編『天下統一と城』塙書房	二〇〇二
木戸雅寿	内湖をめぐる城の成立とその機能—大中の湖・伊庭内湖を例として—	「琵琶湖がつくる近江の歴史」研究会編『城と湖と近江』サンライズ出版	二〇〇二
木戸雅寿	織豊期城郭の石垣	織豊城郭10	二〇〇三
木戸雅寿	安土山	小野正敏・萩原三雄編『戦国時代の考古学』高志書院	二〇〇三
木戸雅寿	茶の湯考古学・遺跡と茶道具　織田信長天下統一のための居城安土城	淡交58—7	二〇〇四
木戸雅寿	織田信長政権下の城郭建築について—混沌からの脱出のために—	『森宏之君追悼城郭論集』織豊期城郭研究会	二〇〇五
木戸雅寿	織豊系城郭における鯱瓦の意義	淡海文化財論叢1	二〇〇六
木戸雅寿	織田信長と大和	『織豊系城郭の成立と大和』大和中世考古学研究会・織豊期城郭研究会	二〇〇六
木戸雅寿	安土城の大手道は無かった　登城口と御成口	（財団法人滋賀県文化財保護協会）紀要20	二〇〇七
木戸雅寿	安土城と「立て花」　正親町天皇の安土行幸にあたって	淡海文化財論叢2	二〇〇七
木戸雅寿	安土城の石垣、その崩壊について　伝羽柴秀吉邸跡・前田利家邸跡を例として	織豊城郭11	二〇〇七
木戸雅寿	織豊期の甲賀　甲賀の焼き討ちは無かった	（財団法人滋賀県文化財保護協会）紀要21	二〇〇八
木戸雅寿	安土山と安土山下町	仁木宏・松尾信裕編『信長の城下町』高志書院	二〇〇八
木村捷三郎	安土城考	史蹟と古美術16—4	一九三六
木村信幸	年欠7月11日付け豊臣秀吉朱印状の「穴太」について	織豊城郭4	一九九七
京口元吉	織田信長の安土城	史観38	一九五二

草香生	安土城	歴史地理5―5	一九〇三
小島道裕	戦国期城下町の構造	日本史研究257	一九八四
小島道裕	織豊期の都市法と都市遺構	国立歴史民俗博物館研究報告第8集 共同研究「中世の地方政治都市」	一九八五
小島道裕	「安土町奉行」木村次郎左衛門尉について	近江地方史研究25	一九八九
小島道裕	戦国・織豊期の城下町―城下町における「町」の成立―	高橋康夫他編『日本都市史入門』Ⅱ 東京大学出版会	一九九〇
小島道裕	戦国・織豊期の城下町について―城館趾研究との関係をめぐって―	帝京大学山梨文化財研究所研究報告3	一九九〇
小島道裕	戦国期城下町から織豊期城下町へ	年報都市史研究1	一九九三
小島道裕	安土―近世城下町の成立―	『週間朝日百科日本の歴史 別冊6 平安京と水辺の都市、そして安土 都市の原点』朝日新聞社	一九九三
小島道裕・千田嘉博	城と都市	岩波講座日本通史10	一九九四
小竹森直子	安土城前史(1)―安土山の土地利用について―	(滋賀県安土城郭調査研究所)研究紀要1	一九九三
小竹森直子	安土城石垣所感	(滋賀県安土城郭調査研究所)研究紀要2	一九九四
小竹森直子	絵図・測量図に見る安土城内道の変遷について	(滋賀県安土城郭調査研究所)研究紀要3	一九九五
小竹森直子	安土城跡旧摠見寺境内地周辺採集の瓦について	織豊城郭2	一九九五
小竹森直子	城内屋敷地の空間的構成と復元のための基礎作業―伝羽柴秀吉邸跡をモデルとして―	(滋賀県安土城郭調査研究所)研究紀要4	一九九六
小竹森直子	安土城の石垣―石垣に対する考古学的アプローチのための基礎作業―	織豊城郭3	一九九六

小竹森直子	安土城における石垣整備の歴史と評価	(滋賀県安土城郭調査研究所)研究紀要5	一九九七
小竹森直子	安土城跡における城内路の規格性について	(滋賀県安土城郭調査研究所)研究紀要6	一九九八
小竹森直子	特別史跡安土城跡―近年の調査成果と課題―	中世城郭研究13	一九九九
小林清治	信長・秀吉権力の城郭政策	東北学院大学論集(史学・地理学)25	一九九三
近藤滋	安土城下町の再考	(滋賀県安土城郭調査研究所)研究紀要9	二〇〇三
近藤滋	安土城の総構と城内の縄張り	(滋賀県安土城郭調査研究所)研究紀要10	二〇〇四
近藤滋	安土城と琵琶湖 安土築城の背景について	(滋賀県安土城郭調査研究所)研究紀要11	二〇〇六
近藤滋	安土城の大手道	淡海文化財論叢1	二〇〇六
坂田(勝見)孝彦	安土城跡出土遺物に関する覚え書き	(滋賀県安土城郭調査研究所)研究紀要1	一九九三
坂田孝彦	考古学からみた安土城下町の構造	仁木宏・松尾信裕編『信長の城下町』高志書院	二〇〇八
境淳伍	安土城に殉じた木村高重	民俗文化511	二〇〇六
桜井成広	安土城天守の推定復元模型	城郭4―6・5―2・5―3・5―4・5―5	一九六二・一九六三
佐藤大規	安土城天主の平面復元に関する試案	(広島史学研究会)史学研究255	二〇〇七
佐藤静代	琵琶湖岸内湖の歴史的利用形態に関する一考察―戦国時代の水城と港をめぐって	奈良女子大学地理学研究報告書	一九九六
島陶也	安土城の秘密 原風景に縛られる人々	建設オピニオン12―6	二〇〇五
清水尚	織豊期の城郭・町・村出土の貿易陶磁	織豊城郭7	二〇〇〇
神保忠宏	資料紹介 東家に残る3種類の城絵図―安土城 聚楽城 伏見城―	(滋賀県立安土城考古博物館)紀要5	一九九七

杉江進	公儀「穴太頭」と諸藩「穴生役」	日本歴史717	二〇〇八
鈴木正貴	織田信長の都市づくりの源流	内堀信雄・鈴木正貴・仁木宏・三宅唯美変『守護所と戦国城下町』高志書院	二〇〇六
千田嘉博	織豊系城郭の構造	史林70—2	一九八七
千田嘉博	織豊系城郭の出入り口—整理と展望—	織豊城郭6	一九九九
千田嘉博	戦国期拠点城郭から安土城へ	千田嘉博・小島道裕編『天下統一と城』塙書房	二〇〇二
高木叙子	江戸時代の摠見寺—摠見寺由緒書の成立をめぐって—	（滋賀県立安土城考古博物館）紀要3	一九九五
高田徹	天守台研究をめぐる諸問題—特に用語・概念上の問題を中心として—	織豊城郭5	一九九八
高田徹	虎口の機能・評価に関する問題について	織豊城郭6	一九九九
高田徹	織豊系城郭における馬出	村田修三編『新視点中世城郭研究論集』新人物往来社	二〇〇二
高野雅浩	天下人の「御座所」城郭と金箔瓦の関連について	城郭史研究17	一九九七
田中義成	信長と安土城	歴史地理・近江号	一九一二
田中義成	信長と安土城	日本歴史地理学会編『安土桃山時代史論』仁友社	一九一五
辻善之助	安土城址に就て	歴史地理9—1	一九〇七
土屋純一	安土城天守復原考	名古屋高等工業学校創立二十五周年記念論文集1	一九三一
土山公仁	信長系城郭における瓦の採用についての予察—同笵あるいは同系瓦を中心にして—	岐阜市歴史博物館研究紀要4	一九九〇
鳥羽正雄	織田信長と城郭	歴史公論5—6	一九三六

富原道晴	安土城考—築城—	（関西城郭研究会）城42	一九六七
内藤昌	安土城の研究（上）（下）	国華987・988	一九七六
内藤昌	織田信長—安土築城の秘密—	『日本史の謎と発見9 信長と秀吉』毎日新聞社	一九七九
内藤昌	信長と安土城	『没後四百年 織田信長展』名古屋城天守閣	一九八一
中井均	織豊系城郭の画期—礎石建物・瓦・石垣の出現—	村田修三編『中世城郭研究論集』新人物往来社	一九九一
中井均	織豊系城郭の特質について—石垣・瓦・礎石建物—	織豊城郭1	一九九四
中井均	安土築城前夜—主として寺院からみた石垣の系譜—	織豊城郭3	一九九六
中井均	虎口「空間」について	織豊城郭6	一九九九
中井均	近世城郭を考古学から考える	考古学ジャーナル442	一九九九
中井均	掘立柱建物から礎石建物へ—櫓遺構にみる織豊系城郭の画期—	織豊城郭8	二〇〇一
中井均	安土城以前の城郭瓦	織豊城郭9	二〇〇二
中井均	戦国の城から近世の城へ	千田嘉博・小島道裕編『天下統一と城』塙書房	二〇〇二
中井均	織豊系城郭の地位的伝播と近世城郭の成立	村田修三編『新視点中世城郭研究論集』新人物往来社	二〇〇二
中井均	城の船入—海・湖・河川と城郭—	「琵琶湖がつくる近江の歴史」研究会編『城と湖と近江』サンライズ出版	二〇〇二
中井均	城郭にみる石垣・瓦・礎石建物	小野正敏・萩原三雄編『戦国時代の考古学』高志書院	二〇〇三
中井均	織豊期城郭研究の現状と課題 大和から受容したもの、大和に遺したもの	『織豊系城郭の成立と大和』大和中世考古学研究会・織豊期城郭研究会	二〇〇六

中井均	信長の城と秀吉の城	仁木宏・松尾信裕編『信長の城下町』高志書院	二〇〇八
仲川靖	安土城の南口に秘められた信長の謀	（滋賀県安土城郭調査研究所）研究紀要10	二〇〇四
仲川靖	安土城跡出土軒丸瓦・丸瓦の分類について	（滋賀県安土城郭調査研究所）研究紀要11	二〇〇五
仲川靖	安土城の瓦について	淡海文化財論叢1	二〇〇六
仲川靖	安土城跡出土軒平瓦・平瓦の分類について	（滋賀県安土城郭調査研究所）研究紀要12	二〇〇六
仲川靖	安土城跡出土役瓦について	（滋賀県安土城郭調査研究所）研究紀要13	二〇〇八
中嶋隆・小野友記子	小牧山城の石垣について	織豊城郭11	二〇〇七
中島範・竪山翠・和田恵美子他	天正十年『安土御献立』にみる食文化の近世への展開について	風俗史学20	二〇〇二
永島福太郎	織豊両氏の都市支配	史林41―6	一九五八
中田行	安土城成立について	日本建築学会研究報告21	一九五三
中田行	安土城の成立と復原について	日本建築学会研究報告24	一九五三
永原慶二	天下統一と城	千田嘉博・小島道裕編『天下統一と城』塙書房	二〇〇二
中部よし子	織豊政権の都市政策	ヒストリア43	一九六六
中部よし子	織田信長の城下町経営	ヒストリア82	一九七九
中部よし子	信長の城下町政策	岡本良一編『織田信長のすべて』新人物往来社	一九八〇
中村直勝	安土と信長	太湖72	一九三二
中村博司	金箔瓦試論	大阪城天守閣紀要6	一九七八

中村博司	金箔瓦試論―補遺	大阪城天守閣紀要8	一九八〇
中村博司	金箔瓦論考	織豊城郭2	一九九五
中村博司	「唐人之一観」考	『藤澤一夫先生卒寿記念論文集』帝塚山大学考古学研究所	二〇〇二
中村博司	「穴太」論考　石積み技術者「穴太」の誕生と展開をめぐって	日本歴史694	二〇〇六
仁木宏	近世社会の成立と城下町	日本史研究476	二〇〇二
仁木宏	寺内町と城下町　戦国時代の都市の発展	有光友学編『日本の時代史12　戦国の地域国家』吉川弘文館	二〇〇三
仁木宏	寺内町と城下町　戦国社会の達成と継承	懐徳堂記念会編『大坂・近畿の城と町』和泉書院	二〇〇七
仁木宏	「信長の城下町」の歴史的位置	仁木宏・松尾信裕編『信長の城下町』高志書院	二〇〇八
西ヶ谷恭弘	天守建築発生に関する考察	城郭史研究17	一九九七
西ヶ谷恭弘	織田信長の築城―二宮山築城計画から大坂築城をめぐって―	城郭史研究20	二〇〇〇
西ヶ谷恭弘	安土城研究の問題点	歴史研究47―11	二〇〇五
橋詰茂	織田政権における城下町政策―経済政策を中心として―	（駒澤大・院）史学論集1	一九七一
浜田青陵	安土山屏風に就て	仏教美術18	一九三一
林博通	琵琶湖と近江の国	「琵琶湖がつくる近江の歴史」研究会編『城と湖と近江』サンライズ出版	二〇〇二
平井良直	安土城天主六階障壁画に関する「天守指図」の整合性について	遙かなる中世13	一九九四
平井良直	安土城天守五階の空間構成に関する一試論	日本歴史570	一九九五

福尾猛市郎	近世初頭における都市商業と商人の性格―主として近江安土・八幡城下町をめぐって	史学研究93	一九六五
福島克彦	織豊系城郭の前提に関する覚書	中世城郭研究13	一九九九
福島克彦	織豊系城郭論と地域史研究	城館史料学3	二〇〇五
堀口健弐	織豊系城郭の発達史―要害研究的視点による新縄張り研究の試論	愛城研報告5	二〇〇〇
堀口健弐	城郭石垣の様式と編年　近畿地方の寛永期までの事例を中心に	村田修三編『新視点中世城郭研究論集』新人物往来社	二〇〇二
前川要	近世城下町発生に関する考古学的研究	ヒストリア121	一九八八
前川要	日本近世「都市考古学」研究の現状と課題―ヨーロッパ都市考古学からみた一視点―	ヒストリア123	一九八九
前川要	天主の成立と中世的儀礼観念の崩壊	千田嘉博・小島道裕編『天下統一と城』塙書房	二〇〇二
松岡進	戦国・織豊期における築城技術―ひとつの研究史整理の試み―	中世城郭研究13	一九九九
松岡進	織豊期の城郭建築について	織豊城郭10	二〇〇三
松崎求己	織田信長の安土築城	歴史地理3―4	一九〇一
松下浩	安土古城図に関する基礎的考察	（滋賀県安土城郭調査研究所）研究紀要1	一九九三
松下浩	東家所蔵「江州蒲生郡豊浦村与須田村山論立会絵図」―近世安土城の絵図についての紹介―	織豊城郭2	一九九五
松下浩	近代における安土山の保存活動―安土保勝会をめぐって―	（滋賀県安土城郭調査研究所）研究紀要3	一九九五
松下浩	穴太積の再検討―北垣聰一郎氏の議論によせて―	織豊城郭3	一九九六

松下浩	織田政権の琵琶湖支配	近江歴史研究会編『琵琶湖博物館開設準備室研究調査報告第8集　琵琶湖とその集水域の歴史―湖とともに生きた人々―』琵琶湖博物館開設準備室	一九九六
松下浩	天守成立に関する一考察―特に語源と概念の成立をめぐって―	織豊城郭5	一九九八
松下浩	城郭と鯱	『日本の美術404　城と天守』至文堂	二〇〇〇
松下浩	穴太積再考	『西田弘先生米寿記念論集　近江の考古と歴史』真陽社	二〇〇〇
松下浩	織田信長の近江侵攻と天下布武	高橋正隆・高谷好一・舟橋和夫編『日本文化のかなめ』サンライズ出版	二〇〇一
松下浩	琵琶湖・河川支配と城郭―織豊期城郭の材木調達を中心に―	「琵琶湖がつくる近江の歴史」研究会編『城と湖と近江』サンライズ出版	二〇〇二
松下浩	安土における面会場所と宿所について	織豊城郭10	二〇〇三
松下浩	安土城下町の町割に関する一考察	（滋賀県安土城郭調査研究所）研究紀要9	二〇〇三
松下浩	安土城跡の歴史をめぐる考察	（滋賀県安土城郭調査研究所）研究紀要10	二〇〇四
松下浩	神になった織田信長	『森宏之君追悼城郭論集』織豊期城郭研究会	二〇〇五
松下浩	織豊期の連続と断絶に関する覚書	（滋賀県安土城郭調査研究所）研究紀要12	二〇〇六
松下浩	特別史跡安土城跡発掘調査の現状と課題	（滋賀県立大学）人間文化20	二〇〇七
松下浩	安土城と徳富蘇峰	（滋賀県安土城郭調査研究所）研究紀要13	二〇〇八

編著者名	書名・論文名	発行	発行年
松下浩	炎上した幻の安土城	鈴木重治・西川寿勝編著『21世紀を拓く考古学3 戦国城郭の考古学』ミネルヴァ書房	二〇〇六
松下浩	安土城下町の成立と構造	仁木宏・松尾信裕編『信長の城下町』高志書院	二〇〇八
松下浩	信長と安土城	堀新編『歴史と古典 信長公記を読む』吉川弘文館	二〇〇九
宮上茂隆	安土城天守復元とその史料に就いて—内藤昌氏「安土城の研究」に対する疑問—(上)(下)	国華998・999	一九七七
宮上茂隆	信長の岐阜城・安土城	『信長・秀吉の城と都市』岐阜市歴史博物館	一九九一
村井毅史	日本近世城郭の基礎構造—曲輪配置と空間構成—	花園史学17	一九九六
村井毅史	日本近世城郭の基礎構造Ⅱ—都市としての近世城郭・曲輪配置と都市構造—	花園史学18	一九九七
村井毅史	中世城館から近世城郭へ—湖東地域中央における城館を中心とした大規模な遺跡の動向について	(滋賀県文化財保護協会)紀要14	二〇〇一
村井毅史	近世城郭の初源と形成過程について	『花園大学考古学研究論叢』明新印刷出版	二〇〇一
村田尚生	織田信長による城下町安土の選地 主要施設配置の原理に関する考察	都市計画49—4	二〇〇〇
森田実	安土築城の理由を論ず	館友会雑誌(皇学館)3	一九〇一
森俊弘	再読「安土日記」 安土城天主に関する一考察	城郭史研究21	二〇〇一
森俊弘	再読「安土日記」その後—いわゆる「信長記」Ⅰ類本とⅡ類本以降の異同を発端に—	城郭史研究25	二〇〇五
八木正自	Bibliltheca Japonica(73)「安土山図屏風」の意味するもの	日本古書通信69—1	二〇〇四
山崎敏昭	中近世城郭の創築時の瓦屋根 城郭瓦についての視点・畿内周辺の城郭瓦の考古学的考察から	村田修三編『新視点中世城郭研究論集』新人物往来社	二〇〇二
山村亜希	日本中世都市の空間とその研究視角	史林89—1	二〇〇六
鎗田恵美子	『安土日記』に記された「安土御山」・「安土」	織豊城郭10	二〇〇三
脇田修	信長政権の座政策	龍谷史壇56・57	一九六六
渡辺江美子	安土の家臣団屋敷について	国史学125	一九八五
渡辺世祐	安土城に就いて	歴史地理19—1	一九一二

2. 単行本

編著者名	書名・論文名	発行	発行年
秋田裕毅	織田信長と安土城	創元社	一九九〇
朝尾直弘	大系日本の歴史8 天下一統	小学館	一九八八
朝尾直弘	将軍権力の創出	岩波書店	一九九四
安野眞幸	楽市論 初期信長の流通政策	法政大学出版会	二〇〇九
池上裕子	日本の歴史15 織豊政権と江戸幕府	講談社	二〇〇二
井上章一	南蛮幻想 ユリシーズ伝説と安土城	文芸春秋	一九九八
大西広・太田昌子	週刊朝日百科日本の歴史 別冊26 安土城の中の「天下」—襖絵を読む—	朝日新聞社	一九九五
淡海文化を育てる会	近江の城下町を歩く	サンライズ出版	二〇〇五
亀井伸雄	日本の美術402 城と城下町	至文堂	一九九九
木戸雅寿	歴史文化ライブラリー よみがえる安土城	吉川弘文館	二〇〇三
木戸雅寿	シリーズ「遺跡を学ぶ」002 天下布武の城 安土城	新泉社	二〇〇四

小島道裕	城と城下　近江戦国誌	新人物往来社	一九九七
小島道裕	戦国・織豊期の都市と地域	青史出版	二〇〇五
小島道裕	信長とは何か	講談社選書メチエ	二〇〇六
佐野静代	中近世の村落と水辺の環境史	吉川弘文館	二〇〇八
滋賀県安土城郭調査研究所	発掘調査15年の軌跡　図説・安土城を掘る	サンライズ出版	二〇〇四
滋賀県安土城郭調査研究所編	戦国から近世の城下町　石寺・安土・八幡	サンライズ出版	二〇〇六
滋賀県教育委員会編	近江城郭探訪　合戦の舞台を歩く	サンライズ出版	二〇〇六
千田嘉博	織豊系城郭の形成	東京大学出版会	一九九九
千田嘉博・小島道裕編	歴博フォーラム　天下統一と城	塙書房	二〇〇二
田中哲雄	日本の美術403　城の石垣と濠	至文堂	一九九九
谷口克広	戦乱の日本史13　信長の天下布武への道	吉川弘文館	二〇〇六
内藤昌	復元安土城―信長の理念と黄金の天主―	講談社	一九九四
中井均	近江の城―城が語る湖国の戦国史―	サンライズ出版	一九九七
中井均編	近江の山城ベスト50を歩く	サンライズ出版	二〇〇六
中部よし子	近世都市の成立と構造	新生社	一九六七
中村雅治	日本の美術404　城と天守	至文堂	一九九九
仁木宏	空間・公・共同体　中世都市から近世都市へ	青木書店	一九九七

仁木宏・松尾信裕編	信長の城下町	高志書院	二〇〇八
西ヶ谷恭弘・阿部和彦	探訪日本の名城1　織田信長　天下布武の城	㈱夢みつけ隊	二〇〇三
兵藤与一郎	安土城再見―天守閣の復元考証―	西田書店	一九九一
「琵琶湖がつくる近江の歴史」研究会編	城と湖と近江	サンライズ出版	二〇〇二
藤田達生	本能寺の変の群像　中世と近世の相剋	雄山閣出版	二〇〇一
藤田達生	謎解き本能寺の変	講談社現代新書	二〇〇三
前川要	都市考古学の研究―中世から近世への展開―	柏書房	一九九一
三浦正幸監修	歴史群像シリーズデラックス2　徹底復元覇王信長の幻の城　よみがえる真説安土城	学研	二〇〇六
三浦正幸監修	図説「城づくり」のすべて	学研	二〇〇六
三浦正幸監修	図説　天守のすべて	学研	二〇〇七
村田修三・服部英雄編	都道府県別日本の中世城館調査報告書集成第12巻　近畿地方の中世城館(1)滋賀県1	東洋書林	二〇〇二
大和智	日本の美術405　城と御殿	至文堂	二〇〇〇
脇田修	織豊政権の分析Ⅱ　近世封建制成立史論	東京大学出版会	一九七七
脇田修	織田信長　中世最後の覇者	中公新書	一九八七
	歴史群像シリーズ1　織田信長　天下統一の謎	学研	一九八七
	別冊歴史読本5　織田信長　天下布武への道	新人物往来社	一九八九

歴史群像シリーズ20　激闘　織田軍団	学研	一九九〇
幻の安土城天守復原　信長天下統一の象徴	日本経済新聞社	一九九二
歴史群像シリーズ27　風雲信長記	学研	一九九二
信長の城と戦略	成美堂出版	一九九七
秀吉の城と戦略	成美堂出版	一九九八
歴史群像シリーズ54　元亀信長戦記　織田包囲網撃滅の真相	学研	一九九八
NHKスペシャルセレクション　信長の夢「安土城」発掘	日本放送出版協会	二〇〇一
再現日本史　織豊4　「天下布武」のシンボル　安土城完成迫る！	講談社	二〇〇一
歴史群像シリーズ　戦国セレクション　激震織田信長	学研	二〇〇一
別冊歴史読本13　織田信長のすべてがわかる本	新人物往来社	二〇〇二
名城を歩く13　安土城　信長が夢を託した天下布武の覇城	PHP研究所	二〇〇三
週刊名城をゆく11　安土城	小学館	二〇〇四
別冊歴史読本61　信長・秀吉・家康の城　戦国の城から天下人の城へ	新人物往来社	二〇〇七

3. 図録

発行機関	書名	発行年
福島県立博物館	戦国の城―天守閣への道―	一九九八
国立歴史民俗博物館	天下統一と城	二〇〇〇
江戸東京博物館	江戸城	二〇〇七
上田市立博物館	金箔瓦の城	一九九六
浜松市博物館	浜松城のイメージ	一九九五
岐阜市歴史博物館	信長・秀吉の城と都市	一九九一
愛知県陶磁資料館	遺跡にみる戦国・桃山の茶道具	一九九七
(財)瀬戸市埋蔵文化財センター	列島に華開く大窯製品　西日本の様相	二〇〇〇
土岐市美濃陶磁資料館	天下人とやきもの	二〇〇六
松阪市・松阪市教育委員会	氏郷の時代―城づくり　町づくり―	一九九八
福井県立一乗谷朝倉氏遺跡資料館	戦国城下町研究の最前線	二〇〇一
滋賀県立安土城考古博物館	開館記念特別展織田信長と安土城　信長の世界	一九九二
滋賀県立安土城考古博物館	天下布武へ―信長の近江支配	一九九三
滋賀県立安土城考古博物館	残照―本能寺からの織田一族	一九九四
滋賀県立安土城考古博物館	東家文書は語る―江戸時代の安土	一九九五
滋賀県立安土城考古博物館	観音寺城と佐々木六角	一九九五
滋賀県立安土城考古博物館	元亀争乱―信長を迎え討った近江	一九九六
滋賀県立安土城考古博物館	城下町の黎明―信長の城と町	一九九七
滋賀県立安土城考古博物館	琵琶湖と中世の人々	一九九八

滋賀県立安土城考古博物館	安土城・一九九九	一九九九
滋賀県立安土城考古博物館	信長文書の世界	二〇〇〇
滋賀県立安土城考古博物館	是非に及ばず―本能寺の変を考える	二〇〇一
滋賀県立安土城考古博物館	近江源氏と沙沙貴神社	二〇〇二
滋賀県立安土城考古博物館	信長と宗教勢力―保護・弾圧そして支配へ	二〇〇三
滋賀県立安土城考古博物館	蒲生氏郷―戦国を駆け抜けた武将	二〇〇五
滋賀県立安土城考古博物館	信長の城・秀吉の城　織豊系城郭の成立と展開	二〇〇六
滋賀県立安土城考古博物館	信長と安土城―収蔵品で語る戦国の歴史―	二〇〇八
滋賀県立安土城考古博物館	天下人を祀る―神になった信長・秀吉・家康―	二〇〇八
池田市立歴史民俗資料館	町を放火候なり―信長　池田城合戦と畿内制圧	二〇〇〇
高槻市立しろあと歴史館	天下統一と高槻―安土城・大坂城そして高槻城―	二〇〇三
㈶広島市文化財団・広島城	よみがえれ天下人の城展　信長・秀吉・家康の城を掘る	二〇〇一
佐賀県立名護屋城博物館	秀吉と城	二〇〇五
	セビリア万博日本館出展　安土城障壁画復元展	一九九三
	秀吉展　黄金と侘び	一九九六

4．報告書

発行機関	書名	発行年
滋賀県	滋賀県史蹟調査報告第十一冊　安土城阯	一九四二
滋賀県	特別史跡安土城跡修理工事報告書（I）	一九六五
滋賀県教育委員会	特別史跡安土城跡保存管理計画策定報告書	一九七八
滋賀県教育委員会	特別史跡安土城跡発掘調査報告1　伝羽柴秀吉邸跡	一九九一
滋賀県教育委員会	特別史跡安土城跡発掘調査報告2　大手道および伝羽柴秀吉邸跡・伝前田利家邸跡・伝徳川家康邸跡	一九九二
滋賀県教育委員会	特別史跡安土城跡発掘調査報告3　大手道および伝前田利家邸跡	一九九三
滋賀県教育委員会	特別史跡安土城跡発掘調査報告4　大手道および伝武井夕庵邸跡・伝織田信忠邸跡	一九九四
滋賀県教育委員会	特別史跡安土城跡発掘調査報告5　大手門推定地及び周辺地の調査	一九九五
滋賀県教育委員会	特別史跡安土城跡発掘調査報告6　旧摠見寺境内地及び周辺地の調査	一九九六
滋賀県教育委員会	特別史跡安土城跡発掘調査報告7　百々橋口道周辺・主郭南面の調査	一九九七
滋賀県教育委員会	特別史跡安土城跡発掘調査報告8　搦手道上半部・主郭東面の調査	一九九八
滋賀県教育委員会	特別史跡安土城跡発掘調査報告9　主郭北面・搦手道の調査	一九九九
滋賀県教育委員会	特別史跡安土城跡発掘調査報告10　主郭西面及び搦手道湖辺部の調査	二〇〇〇
滋賀県教育委員会	特別史跡安土城跡発掘調査報告11　主郭中心部本丸の調査	二〇〇一
滋賀県教育委員会	特別史跡安土城跡発掘調査報告12　主郭中心部天主台・本丸・本丸取付台・伝名坂邸跡の調査	二〇〇二
滋賀県教育委員会	特別史跡安土城跡発掘調査報告13　安土山南面山裾部の調査（百々橋口～大手口）	二〇〇三

滋賀県教育委員会	特別史跡安土城跡発掘調査報告14　安土山南面山裾部の調査（蓮池周辺）	二〇〇五
滋賀県教育委員会	特別史跡安土城跡発掘調査報告15　安土山南面山裾部の調査（大手口前駐車場）	二〇〇六
滋賀県教育委員会	特別史跡安土城跡発掘調査報告16　安土山北腰越南面の調査	二〇〇七
滋賀県教育委員会	特別史跡安土城跡環境整備事業概要報告書　Ⅰ　大手道・伝羽柴秀吉邸櫓門跡	一九九四
滋賀県教育委員会	特別史跡安土城跡環境整備事業概要報告書　Ⅱ　大手道・伝羽柴秀吉邸跡	一九九五
滋賀県教育委員会	特別史跡安土城跡環境整備事業概要報告書　Ⅲ　大手道・伝羽柴秀吉邸跡	一九九六
滋賀県教育委員会	特別史跡安土城跡環境整備事業概要報告書　Ⅳ　大手道	一九九七
滋賀県教育委員会	特別史跡安土城跡環境整備事業概要報告書　Ⅴ　大手道・伝羽柴秀吉邸跡	一九九八
滋賀県教育委員会	特別史跡安土城跡環境整備事業概要報告書　Ⅵ　大手道七曲り部	一九九九
滋賀県教育委員会	特別史跡安土城跡環境整備事業概要報告書　Ⅶ　大手道・伝徳川家康邸跡	二〇〇〇
滋賀県教育委員会	特別史跡安土城跡環境整備事業概要報告書　Ⅷ　伝前田利家邸跡	二〇〇一
滋賀県教育委員会	特別史跡安土城跡環境整備事業概要報告書　Ⅸ　伝前田利家邸跡	二〇〇二
滋賀県教育委員会	特別史跡安土城跡環境整備事業概要報告書　Ⅹ　大手口周辺西側中央部	二〇〇三
滋賀県教育委員会	特別史跡安土城跡環境整備事業概要報告書Ⅹ　Ⅰ　大手口周辺東側	二〇〇四
滋賀県教育委員会	特別史跡安土城跡環境整備事業概要報告書Ⅹ　Ⅱ　大手口周辺西側上部・下部	二〇〇五
滋賀県教育委員会	特別史跡安土城跡環境整備事業概要報告書Ⅹ　Ⅲ　大手口周辺東側	二〇〇六
滋賀県教育委員会	特別史跡安土城跡環境整備事業概要報告書Ⅹ　Ⅳ　大手口周辺西側	二〇〇七
滋賀県教育委員会	特別史跡安土城跡環境整備事業概要報告書Ⅹ　Ⅴ　大手口周辺東西石塁南側	二〇〇八
滋賀県教育委員会	特別史跡安土城跡環境整備事業概要報告書Ⅹ　Ⅵ　百々橋―大手口間南面山裾部の工事	二〇〇九
滋賀県教育委員会	安土城・織田信長関連文書調査報告1　摠見寺文書目録	一九九二
滋賀県教育委員会	安土城・織田信長関連文書調査報告2　橋本左右神社文書目録	一九九三
滋賀県教育委員会	安土城・織田信長関連文書調査報告3　東家文書目録	一九九四
滋賀県教育委員会	安土城・織田信長関連文書調査報告4　摠見寺文書目録Ⅱ・浄厳院文書目録	一九九五
滋賀県教育委員会	安土城・織田信長関連文書調査報告5　東南寺文書目録	一九九六
滋賀県教育委員会	安土城・織田信長関連文書調査報告6　安楽寺文書目録・超光寺文書目録	一九九七
滋賀県教育委員会	安土城・織田信長関連文書調査報告7　大野家文書目録	一九九八
滋賀県教育委員会	安土城・織田信長関連文書調査報告8　上豊浦区有文書目録	一九九九
滋賀県教育委員会	安土城・織田信長関連文書調査報告9　村田家文書目録	二〇〇〇
滋賀県教育委員会	安土城・織田信長関連文書調査報告10　西性寺文書目録	二〇〇一
滋賀県教育委員会	安土城・織田信長関連文書調査報告11　山本家文書目録	二〇〇一
滋賀県教育委員会	安土城・織田信長関連文書調査報告12　沙沙貴神社文書目録	二〇〇二
滋賀県教育委員会	安土城・織田信長関連文書調査報告13　活津彦根神社文書目録・新宮神社文書目録・石部神社文書目録	二〇〇三
滋賀県教育委員会	安土城・織田信長関連文書調査報告14　岩倉共有文書目録	二〇〇四
滋賀県教育委員会	安土城・織田信長関連文書調査報告15　観音正寺文書目録・教林坊文書目録（付　光善寺文書目録）	二〇〇五

発行者	書名	発行年
滋賀県教育委員会	安土城・織田信長関連文書調査報告16　常楽寺区有文書目録	二〇〇六
滋賀県教育委員会	安土城・織田信長関連文書調査報告17　石寺区有文書目録・光善寺文書目録	二〇〇七
滋賀県教育委員会	安土城・織田信長関連文書調査報告18　栄順寺文書目録・木瀬家文書目録	二〇〇八
滋賀県教育委員会	特別史跡安土城跡発掘調査報告書Ⅰ　大手道、百々橋口道、安土山南面の調査	二〇〇九
滋賀県教育委員会	特別史跡安土城跡発掘調査報告書Ⅱ　主郭、搦手道の調査および総括	二〇〇九
滋賀県教育委員会	特別史跡安土城跡　発掘調査の5年	一九九五
滋賀県安土城郭調査研究所	一九八九～一九九八　特別史跡安土城跡発掘調査の10年　安土城	二〇〇一
滋賀県安土城郭調査研究所	滋賀県中近世城郭関係資料集1　安土城資料集	二〇〇三
滋賀県安土城郭調査研究所	滋賀県中近世城郭関係資料集2　安土城資料集2	二〇〇九
滋賀県教育委員会	リーフレット「特別史跡安土城跡」	一九九二
滋賀県安土城郭調査研究所	リーフレット「特別史跡安土城跡」	一九九七
滋賀県安土城郭調査研究所	安土十七遺跡発掘調査報告書	二〇〇一
滋賀県教育委員会・(財)滋賀県文化財保護協会	ほ場整備関係遺跡発掘調査報告書Ⅳ-1　蒲生郡安土町安土城下町遺跡	一九八二
滋賀県教育委員会・(財)滋賀県文化財保護協会	県営かんがい排水事業関連遺跡発掘調査報告書Ⅹ-5-1　慈恩寺遺跡・小中遺跡	一九八七
滋賀県教育委員会・(財)滋賀県文化財保護協会総合研究所	滋賀県中世城郭分布調査4（旧蒲生郡・神崎郡の城）	一九八六
安土町教育委員会	上豊浦宗円堂遺跡発掘調査報告書	一九八〇

発行者	書名	発行年
安土町教育委員会	安土町埋蔵文化財報告書第5集　十七遺跡（Ⅵ）発掘調査報告書　安土郵便局新築移転に伴なう	一九八六
安土町教育委員会	安土町埋蔵文化財報告書第6集　安土町内遺跡分布調査報告書	一九八七
安土町教育委員会	安土町埋蔵文化財報告書第8集　安土町内遺跡群緊急発掘調査概要報告書　昭和63年度調査（1～6）	一九八八
安土町教育委員会	安土町埋蔵文化財報告書第10集　安土町内遺跡群緊急発掘調査概要報告書　平成元年度	一九九〇
安土町教育委員会	安土町埋蔵文化財報告書第14集　安土城下町遺跡他町内遺跡緊急発掘調査概要報告書	一九九一
安土町教育委員会	安土町埋蔵文化財報告書第15集　安土城下町遺跡ほか町内遺跡緊急発掘調査概要報告書	一九九二
安土町教育委員会	安土町埋蔵文化財報告書第18集　安土城下町遺跡ほか町内遺跡緊急発掘調査概要報告書	一九九三
安土町教育委員会	安土町埋蔵文化財報告書第19集　安土城下町遺跡ほか町内遺跡緊急発掘調査概要報告書	一九九四
安土町教育委員会	安土町埋蔵文化財報告書第21集　安土城下町遺跡ほか町内遺跡緊急発掘調査概要報告書	一九九五
安土町教育委員会	安土町埋蔵文化財報告書第24集　安土城下町遺跡ほか町内遺跡緊急発掘調査概要報告書　平成7年度調査報告書	一九九六
安土町教育委員会	安土町埋蔵文化財報告書第25集　安土城下町遺跡ほか町内遺跡緊急発掘調査概要報告書　平成8年度調査報告書	一九九八
安土町教育委員会	安土町埋蔵文化財報告書第28集　安土城下町遺跡ほか町内遺跡緊急発掘調査概要報告書　平成9年度調査報告書	一九九九
安土町教育委員会	安土町埋蔵文化財報告書第31集　安土城下町遺跡ほか町内遺跡緊急発掘調査概要報告書　平成10年度調査報告書	二〇〇〇
安土町教育委員会	安土町埋蔵文化財報告書第34集　安土町内遺跡緊急発掘調査概要報告書　平成11年度調査報告書	二〇〇一
安土町教育委員会	安土町埋蔵文化財報告書第35集　安土町内遺跡緊急発掘調査概要報告書　平成12年度調査報告書	二〇〇二
安土町教育委員会	安土町埋蔵文化財報告書第39集　安土町内遺跡緊急発掘調査概要報告書　平成13年度分調査報告書	二〇〇三

本図録作成にあたり、左記の方々よりご協力を賜りました。
記してお礼申し上げます。（五十音順、敬称略）

安土町教育委員会
近江八幡市
栗岡佳代
小山富美子
滋賀県立図書館
摠見寺
東康彦
妙感寺
山本清弘

発掘調査20年の記録
安土　信長の城と城下町

二〇〇九年十月十七日　初版発行
二〇二三年五月十五日　四刷発行

編　著　滋賀県教育委員会
発行者　岩　根　順　子
発行所　サンライズ出版株式会社
〒五二二―〇〇〇四
滋賀県彦根市鳥居本町六五五―一
☎〇七四九―二二―〇六二七
印刷・製本　株式会社渋谷文泉閣

ISBN978-4-88325-393-7　C0021
定価はカバーに表示しています。